宁夏高等学校一流学科建设（教育学学科）资助项目
项目编号NXYLXK2017B11

XINSHIQI ZHONGXUE SIZHENG JIAOYU
QIANYAN WENTI YANJIU

新时期中学思政教育前沿问题研究

邱双成 • 著

黄河出版传媒集团
宁夏人民出版社

图书在版编目（CIP）数据

新时期中学思政教育前沿问题研究 / 邱双成著. —银川：宁夏人民出版社，2018.11

ISBN 978-7-227-06994-2

Ⅰ. ①新… Ⅱ. ①邱… Ⅲ. ①政治课—教学研究—中学 Ⅳ. ①G633.202

中国版本图书馆CIP数据核字（2018）第273470号

新时期中学思政教育前沿问题研究　　邱双成　著

责任编辑　姚小云
责任校对　陈　晶
封面设计　赵　倩
责任印制　肖　艳

黄河出版传媒集团
宁夏人民出版社　出版发行

地　　址　宁夏银川市北京东路 139 号出版大厦（750001）
网　　址　http：//www.yrpubm.com
网上书店　http：//www.hh-book.com
电子信箱　nxrmcbs@126.com
邮购电话　0951-5052104　5052106
经　　销　全国新华书店
印刷装订　宁夏凤鸣彩印广告有限公司
印刷委托书号　（宁）0011889

开本　880mm × 1230mm　1/16
印张　11.75　字数　200 千字
版次　2018 年 12 月第 1 版
印次　2018 年 12 月第 1 次印刷
书号　ISBN 978-7-227-06994-2
定价　48.00 元

前　言

学校是社会主义思想和文化建设的重要阵地，肩负着立德树人的使命。在深入贯彻学习党的十九大精神，推进中国全面深化改革的新形势下，加强中学思想政治教育工作，有利于加强习近平新时代中国特色社会主义思想理论的体系建设，不断增强学校师生员工对新时代中国特色社会主义的道路自信、理论自信、制度自信、文化自信；有利于加强社会主义核心价值体系和社会主义核心价值观的建设，不断增强师生员工对社会主义核心价值体系和核心价值观的理论认同、政治认同和情感认同；有利于加强对中学思想政治教育工作重要性的认识和理解，在强化意识、营造氛围、构建载体、创新方法中，不断探索中学思想政治教育工作的新规律。中学思想政治教育理论工作者应当自觉地站在社会历史发展的前沿，深入社会生活实际，认真总结中学思想政治教育实践经验，正确把握时代发展脉搏，努力探索思想政治教育规律，提高发现问题和解决问题的能力，推动中学思想政治教育的深入发展。中学思想政治教育前沿问题，揭示了目前中学思想政治教育理论和实践中的深层次矛盾与冲突；提示了当今社会人们在思想转化和发展中面临的普遍性的思想倾向；提示了中学思想政治教育工作者要深入探讨和集中精力加以解决的迫切性问题。中学思想政治教育前沿问题对当下思想政治教育的理论创新和实践研究提出了更高的目标和要求。

长时间以来，我国一直高度重视中学思想政治教育工作。国家教育事业发展“十三五”规划中明确了“以中国特色社会主义理论为指导，坚持党的教育方针”和“培养品德优良，具有较好专业理论和较强的应用能力、实践能力，能够适应地方经济社会发展需要的应用型人才”的人才培养定位。学校坚持贯彻“育人为本，德育为先”的人才培养方针，在人才培养方案中明确了加强学生德育的重要性，并就加强思想政治教育工作进行了具体分析。

这本书共七章内容，从中学思想政治教育的历史与发展、中学思想政治教育的内涵、思想政治教育现代转型问题研究、中学思想政治教育价值前沿问题研究、中学思想政治理论课教学改革的前沿问题与策略研究、新媒体视野下中学思想政治教育前沿问题与策略研究、中学思想政治教育其他前沿问题研究等方面，系统地阐明了当下中学思想政治教育的一些前沿性问题，探索了解决这些问题的思路和方法。对新形势下加强中学思想政治教育工作具有十分重要的现实意义。

思想政治教育学理论前沿问题是一个复杂且常议的新话题，加之笔者水平有限，研究中还存在整体性不强、逻辑构建不严密、语言表达不严谨、对策思路不成熟等问题，敬请同行专家和读者批评指教。

本书参考并引用了大量的相关文献，在此我们对相关作者深表感谢。由于作者时间仓促和编写水平有限，书中谬误之处难以避免，恳请同行专家和读者不吝赐教，批评指正。

2018 年 7 月

目　录

第一章　中学思想政治教育的历史与发展

高度重视思想政治教育一直是我们国家的优良传统，是党的政治优势所在。中学历来把思想政治教育正确的价值取向作为思想政治教育的目标、理念和原则。价值取向指引着当下思想政治教育的改革与创新。在一般意义上，价值取向的确立既来源于对思想政治教育工作经验的总结与反思，同时又受到社会实践的影响和制约。作为思想政治教育主体的中学，对教育价值取向的选择和把握是治校、兴校、育人之本。从文化根源上来讲，思想政治教育的目标、理念和原则确立的价值取向，来源于对中国传统思想道德资源的批判继承。

第一节　中国传统思想道德教育

面对当下多元思想对中学生思想道德的影响，在中学生中加强中国传统思想道德文化教育十分必要。我国历来高度重视道德文化教育，它构成了中国教育传统的特质。中国传统思想道德文化本身是高等教育不可或缺的思想资源和教育资源，对中学生进行传统思想道德文化教育直接关系到中学生世界观、人生观、价值观的正确树立以及良性道德品质的形成。中国传统思想道德文化的内容博大精深、源远流长，发轫于先秦，经由夏商两代，到周朝时期，“六艺”教育已比较完备。春秋战国时期百家争鸣，精彩纷呈，孔子创“仁学”，墨子论“兼爱”，老子说“无为”，孟子谈“存心”，荀子讲“隆礼”。汉代的董仲舒和宋代的朱熹，将儒家思想道德文化教育发展到顶峰。对以儒家道德理念为核心的中国思想道德文化教育有侧重地选取，应该成为目前中学德育文化教育的一个重要研究方向。

一、传统思想道德教育的内涵

（一）核心是经学教育

无论是哪个时期的教育，价值观都是教育运行发展的精神核心。经学教育是古代社会统治阶级宣扬推行儒家价值观的核心内容。经学也就是儒家经典著作论述之学。西周确立为“六经”，始见于《庄子·天运篇》，分别是《诗经》《尚书》《仪礼》《乐经》《周易》《春秋》。到了西汉时期，通过“罢黜百家，独尊儒术”运动，确立的经学教育内容包括“五经”，即《易经》《尚书》《诗经》《礼经》《春秋》，后又演变为“七经”，在原来“五经”的基础上，加上《孝经》《论语》。到了唐代又扩充至“九经”和“十二经”。宋代更是发展为“十三经”。也正是在宋代，经学教育愈加成熟。经学的内容包括四书五经，四书是《大学》《中庸》《论语》《孟子》。经学作为古代社会思想道德教育的核心，具有众多统治者需求的价值观念。比如《春秋》中强调重视国家统一，不能分裂的观念；如“父子有亲，君臣有义，夫妇有别，长幼有序，朋友有信”的“五伦”观念；如“天子受命于天，诸侯受命于天子，子受命于父，臣受命于君，妻受命于夫。诸所受命者，其尊皆天也”的忠君思想。这些内容也成为任官任仕的标准。

（二）原则是德育至上，追求“圣人”境界

中国古代历任以儒家思想为治理思想的统治者，无不重视道德教育，宣扬道德至上的观念。在传统儒家的教育内容上主要就是道德教育和知识教育，而二者中，道德教育是第一位的。“师者，所以传道授业解惑也”，说明首先是传道，然后才是授业。这里的道即属道德的范畴，如“仁、义、礼、智、信、文、行、忠”。“夫仁义礼智信五常之道，王者所当修饬也……受天之佑，而享鬼神之灵，德施于方外，延及群生也。”（董仲舒《举贤良对策》）同样，儒家哲学思想中提倡不断提高人的道德境界，并将此视为儒家学说的精神实质所在，这里不难发现“圣人”的处处存在，也能感觉到“圣人”观念的强大统摄力。

"存天理,灭人欲","未有天地之先,毕竟是先有理……有此理,便有此天地。若无此理,便亦无天地,无人无物,都无该载了。"(朱熹《朱子语类》)儒家的"圣人"境界是一种具有纯粹道德性质的范畴,是一种理想的追求,具有超越现实的文化倾向,但这种超越性又不脱离于现实,表现为对现实人生的觉悟。

(三)途径上重视多种方式

儒家伦理道德规范的实现有一套系统的实施教育的方法。总体上看,注重学校、社会、家庭、环境的教化,也注重自我克制、自我认知、自我感悟等自身修养,并力图二者的结合统一。学校方面强调"天地君亲师","教不严,师之惰"。家庭方面注重家训、家规、家仪和家教。在社会教育方式上,设礼部、"三老",分别是专司教化的官方机构和官员;乡规、宗规;发布诰诫、圣谕;祭祀仪式;蒙童教育(《三字经》《百家姓》《千字文》等)。在环境的教化和自身修养上强调天人感应,"凡以教化不立,而万民不正也。夫万民之从利也,如水之走下,不以教化提防之,不能止也。……古之王者明于此,是故南面而治天下,莫不以教化为大务,立太学以教于国……渐民以仁,摩民以义,节民以礼,故其刑罚甚轻而禁不犯者,教化行而习俗美也"(董仲舒《举贤良对策》)。

二、传统道德教育的局限性

(一)方式单一,灌输为主

灌输式也称为注入式,是指教育者对受教育者的知识单向灌输,强调把古代社会相对固定的道德原则和文化内容传给教育对象,并通过训练、考试、惩罚等方式巩固和强化。灌输式教育是人类社会文化发展到一定时期的必然产物,当时受生产力发展所限,知识还掌握在少数特权人的手中,这些人通过设立规模不大的学校、私塾来讲授这些知识,这就是早期的灌输式教育存在的土壤条件。这种灌输式教育忽视对人的个性的尊重,而个性影响人格,人格对人的道德等方面的影响不可估量。灌输式教育也忽视对人的探索能力的启发和创造力的引导,也没有给人留下足够的独立思考和个性发展的空间。其实孔子在教育方式上就对这种灌输式有过一定程度上的变通,这就是因材施教的由来。在《论语·先进第十一》中有这样一个故事——子路问:

"闻斯行诸?"子曰:"有父兄在,如之何其闻斯行之?"冉有问:"闻斯行诸?"子曰:"闻斯行之。"公西华曰:"由也问闻斯行诸,子曰,'有父兄在';求也问闻斯行诸,子曰,'闻斯行之'。赤也惑,敢问。"子曰:"求也退,故进之;由也兼人,故退之。"(子路问:"听到一件合于义理的事,立刻就去做吗?"孔子说:"父亲和兄长还活着,怎么可以不先请教他们而听到了就去做呢?"冉有问道:"听到一件合于义理的事,立刻就去做吗?"孔子说:"听到了应该立刻就去做。"公西华说:"仲由问'听到一件合于义理的事,立刻就去做吗?'时,您回答'还有父兄在,怎么可以听到了立刻就去做?'冉有问'听到一件合于义理的事,立刻就去做吗?'时,您回答'听到了应该立刻就去做'。我感到迷惑,请问这是什么缘故呢?"孔子说:"冉求畏缩不前,所以我鼓励他进取;仲由好勇过人,所以提醒他退让些。")孔子并没有教条地就问题回答问题,而是针对子路和冉有的不同性格作出了不同的回答,这即是以因材施教的教育方式来传授知识。

(二)否定人欲,排斥现实

中国传统道德教育在道德本质上强调精神对物质的超越,道义对功利的超越,理想对现实的超越,从而以天理否定人欲,以道义否定功利,以理想代替现实。孔子:"君子喻于义,小人喻于利"(《论语·里仁》);"正其义不谋其利,明其道不计其功"(《汉书·董仲舒传》);"人欲尽处,天理流行,随处充满,无少欠阙……而其胸次悠然,直与天地万物上下同流"(《论语集注·先进》);"人化物也者,灭天理而穷人欲者也。于是有悖逆诈伪之心,有淫泆作乱之事"(《礼记·乐记》);王阳明:"静时念念去人欲,存天理,动时念念去人欲,存天理……其心纯乎天理而无人欲之杂"(《传习录》)。这些大儒和他们的封建统治者都将精神和物质、道义和功利、理想和现实绝对对立起来,把道德看成是脱离物质利益、否定物质需求的必然结果。这是一种近乎宗教式的禁欲主义,成为束缚人民思想的精神枷锁和强化封建礼教的工具,因而也受到了当时以及后来的一些进步思想家的批判。比如"永康学派"(也称"事功派")的创始人陈亮说:"自道德性命之说一兴,而寻常烂熟无所能解之人自托于其间……为士者耻言文章行义而曰'尽心知性',居官者耻言政事判书而曰'学道爱人',相蒙相欺以尽废天下之实,则亦终于百事不理而已"(《龙川文集

·送吴允城运斡序》),"才者以跅弛而弃,不才者以平稳而用;正言以迂阔而废,巽言以软美而入;奇论指为横议,庸论谓有典则"(《戊申再上孝宗皇帝书》)。陈亮这种义利并举、讲求实效、重视人欲功利的精神在那个时代确实留给我们一份宝贵财富。明末思想家顾炎武:"以明心见性之空言,代修己治人之实学。股肱惰而万事荒,爪牙亡而四国乱。神州荡覆,宗社丘墟"(《日知录·卷七》)的总结一针见血。可见当时的传统道德教育排斥人欲、耻言功利、高谈理性,轻视实务之风气遍及天下,影响深远。进步思想无法成为社会思想主流,以否定人欲、否定功利为道德本质的思想依然占主导地位。这种道德观中道德被看成无须主体思考即可确定的超越功利、摈弃欲望,无视个体情感、个性人格兴趣爱好的天理良心。

(三)崇尚公德,严谨私德

公德主要适用于社会群体的公共生活,旨在规范和维系所有社会成员之间的普遍关系。私德主要适用于家庭团体的私人生活,旨在规范和维系各个家庭成员之间的特殊关系。在传统儒家思想中,公与私的辨别是一个不存在争议的道德自觉意识。公与私也是分辨每个人行为的善恶标准。《尚书·周官》:"以公灭私,民其允怀。"《礼记》:"天无私,四时行;地无私,万物生;人无私,大享贞。"这些说的都是天地慷慨无私,以公心灭私情,不徇私情;人无杂念才会纯洁高尚,民众才会心悦诚服。这是由于在儒家伦理的社会里,如果个人为了一己利益、欲望,不去履行对伦理共同体的国家、民族和家庭的义务责任,就会被认为是自私的。而如"以王父命辞父命,是父之行乎子也。不以家事辞王事,以王事辞家事,是上之行乎下也"(《春秋公羊传·哀公三年》)这种将国家、民族之公高置于个人或家庭之私之上的伦理道德理念,就是公德。而有忠道、有恕道的私德标准相对来说是统一的、高高在上的,处于一种道德理想状态。这种道德理想主义本身就欠缺道德,归根到底只会伤害道德教育。

三、传统道德教育的价值

事实上,中国传统道德教育不仅包括儒家道德,也包括道家、法家、墨家、佛家等道德内容。这些学派都无一例外地将传统的道德规范和准则作为教育的内容，并把道德教育纳入到知识教育范围之内，以文化知识的教育来灌输道德理念，从而实现文化为道德服务的目的。弘扬中华民族的优良道德文化，对提高全民族的道德素质，推进社会的健康发展有着重要的现实意义。

（一）传统道德教育的爱国精神

中国传统道德教育内容是政治、思想和道德规范的三位一体，其中明显的是政德合一。《中学》："古之欲明明德于天下者，先治其国；欲治其国者，先齐其家；欲齐其家者，先修其身；欲修其身者，先正其心；欲正其心者，先诚其意；欲诚其意者，先致其知；致知在格物；物格而后知至；知至而后意诚；意诚而后心正；心正而后身修；身修而后家齐；家齐而后国治；国治而后天下平。自天子以至于庶人，一是皆以修身为本。其本乱而末治者，否矣。其所厚者薄，而其所薄者厚，未之有也。"说的就是要先治理好国家，整顿好自己的家，整顿好家的人，要进行自我修养，要端正思想，思想端正了，然后自我修养完善，家庭整顿有序，然后国家安定繁荣，再然后天下平定。从孟子的"居天下之广居，立天下之正位，行天下之大道；得志，与民由之；不得志，独行其道"（《孟子·滕文公下》）到范仲淹的"先天下之忧而忧，后天下之乐而乐"，无不体现出强烈的国家、民族责任感和使命感。传统道德教育中的这种爱国精神在今天市场经济时期，对提高全民族道德水平和文化素质仍具有巨大的作用。

（二）传统道德教育的爱人精神

中国传统道德教育在内容上以"礼""仁"为核心，以孝为基础建构等级道德规范。"礼"的中心是社会关系，"礼"衍生出所有社会结构。"礼"从不同层次表述含义、内容和功能，如礼节、礼治、礼法、礼教、伦常制度等涵盖了意识形态和社会制度的众多方面。有什么样的社会关系就有什么样的"礼"。古代社会贵贱、尊卑、长幼、亲疏有别，社会秩序要求人的生活方式和行为要符合他们在家族内的身份和社会、政治地位。传统道德中最高的道德原则、道德标准和道德境界是"仁"。"仁"的内涵极广，包括"孝、悌、忠、恕、礼、知、勇、恭、宽、信、敏、惠"等。"仁"的核心有三，"仁者爱人；孝悌为仁之本；克己复礼"。爱人强调人与人相处中，要能够推己及人，推恩及人，以高尚的道德情操去关心人、善待人；孝是实现"仁"的基础，孝悌之德在社会道德生活中得到普遍的奉行才是社会安定、民族团结的基石；克己复礼强调克制欲望，严于律己，宽以待人，克己是实行“仁”的保证，复礼是实行“仁”的方法。

四、传统道德教育于现代教育

道德人格是一个国家国民普遍的道德精神面貌，传统道德鼓励人们追求高尚的精神境界，向往道德人格的思想，即使在今天仍然有重要的借鉴意义。传统道德尤其是优秀的传统美德是一个民族生生不息的根本，也是一个民族现代发展的动力所在。离开传统道德教育，现代发展就是无本之木，无源之水。从传统道德文化中汲取营养，来丰富、建设社会主义思想道德，是当前发展社会主义思想道德体系的重要内容。根据现阶段中国社会发展的特点和实际情况，批判性地继承和发扬中国传统道德精神的宝贵遗产，对于塑造当下社会民众的社会主义道德境界，确立符合时代性的新型思想教育道德人格意义重大。

中国传统道德教育注重现实中的德教，注重实证而轻视逻辑的分析研究，注重于启迪内心领悟，强调自觉思想。总结归纳的话就是：“德教为先”，“修身为本”，“德教”与“修身”合一的道德教育思想；“知道”与“躬行”的“知行合一”的道德教育思想；“言教”与“身教”的“身教重于言教”的道德教育思想。

（一）传统道德教育对现代德教精神的影响

中国传统道德教育历来重视“德治”功能，强调“德教为先”，通过道德文化教育，提高“道德自律”。即使在道德教化与政令法律的关系上，也要坚持以德教为主的原则。道德作为上层建筑是由一定社会经济基础所决定的，是人类社会对自身的一种特殊把握方式，因而经济基础的变革必然影响到道德的选取。当前，我国处于社会转型期，新的经济、政治、道德文化规范正在逐步确立。要想达到国家的长治久安，同样要重视“德治”，要不断提高人们的主体道德觉悟。也就是在建构现代道德教育体系中，要统筹考虑传统道德教育的植入问题，要使传统道德教育成为现代道德教育的有机组成部分，要将现代精神很好地与传统道德教育融合，这就要处理好继承和创新的关系。毕竟传统道德中虽有大量值得肯定的文化内涵，但是一者传统道德中有落后愚昧的思想，二者即使是正面性的传统道德内容，也面临时代的问题。如《弟子规》"父母呼，应勿缓；父母命，行勿懒"，"不得乎亲，不可以为人；不顺乎亲，不可以为子"（《孟子·离娄上》），这种尊敬父母、孝敬父母、听顺父母的精神与现代提倡的"家庭民主""愚孝观"又存在一定的紧张关系。再比如传统道德教育中提倡节俭，但在现代如果过分节俭又不利于消费，进而影响到经济的发展。所以，传统道德要适应现代社会的发展是需要一定条件的，必须经过合理批判性改造。我们要将传统道德的合理内容与当代社会转型时期的思想精神相融合，毕竟我们处于一个高度科技化的信息时代，时代的新形势必将赋予中华民族传统道德新的解释。既能继承传统道德中的精华，又能符合时代发展前进的方向，才是符合当下社会需要的德育的内涵体系。培养竞争、合作、创新意识，树立民主、法制观念，培养独立自主能力和诚实守信品质等都是传统融合现代精神的体现。

（二）传统道德教育对现代人格的培养

墨子在《墨子·所染》中叹曰："染于苍则苍，染于黄则黄，所入者变，其色亦变，五入必而已则为五色矣。故染不可不慎也，非独染丝然也，国亦有染。"说的是丝在绿色中染过就变绿，在黄色中染过就变黄，浸在不同的染料中，颜色就不一样。浸入五种染料就会有五种颜色，所以染色的工艺必须慎重。不只染丝是这样，国事也是如此。墨子用染丝为喻，说明人性不是天生就固定的，人性的形成如同染丝，环境条件的熏陶和影响至关重要。而形成什么样的人性，对朋友的正确选择将起到重要作用。

荀子在《荀子·劝学》中说："蓬生麻中，不扶自直，白沙在涅，与之俱黑……故君子居必择乡，游必就士，所以防邪僻而近中。"说的是蓬草长在麻地里，不用扶持也能挺立住；白沙混进了黑土里，就再不能变白了。所以君子居住要选择好的环境，交友要选择有道德的人，才能够防微杜渐，保其中庸正直。所以，当前对中学生的道德教育不仅仅是学校的责任，家庭、社会环境等对其思想品德的影响作用同样不容忽视。学校需要承担重要的责任，学校要重视德育课程，强化教师教书育人的责任，系统地向学生传授道德知识，灌输道德理念，培养提高学生的道德分析能力、道德判断选择能力和道德思维创造能力，以校风、教风和学风等形式加强学校的道德文化建设。总之，学校要以开放包容的精神积极参与社会道德环境建设，成为构建立体德育教育网络的能动力量。同时，在坚持价值导向中发挥家庭和社会环境的德育功能，用马克思列宁主义、毛泽东思想和中国特色社会主义理论来指导中学生道德教育内容的现代化，引导其正确地处理物质与精神、个人与社会等关系，强化科学价值观、网络道德、道德心理素质等方面的教育。

（三）传统道德教育对现代生态伦理的作用

人类社会与自然的关系是世界存在与发展的最基本关系。人类社会发展是在人类不断认识、利用、改造和适应自然的过程中演进的，这种关系经历了和谐相处的“天人合一”阶段、征服和改造的“天人相分并对立”阶段、重新走向和谐的新“复归”阶段。总体上说人类社会与自然的关系演变是一个从和谐到失衡再到和谐的螺旋式上升过程。自人类工业革命以来，先进的科学技术展现了人类的伟大力量，使人类陶醉于对自然的征服和利用中；然而随着资源枯竭和生态环境的破坏严重到威胁了人类自身的生存与发展时，人类才重新审视这种关系，才提出了生态伦理的时代课题，目的就在于追求人与自然的和谐，实现人类社会与自然全面协调可持续发展。其实在追求与自然的和谐统一中，中国的先哲早就阐述了丰富的生态伦理思想。这些生态理论者主张尊重自然的内在价值，强调尊重和维护后代人的权利，在处理与自然的关系中讲求道德，等等。尽管这些理论主张并未达到系统化的程度，但解读这些内容丰富的生态思想，对于今天实现生态道德文明、构建和谐世界具有巨大的启示作用。

“天人合一”是儒家对人与自然关系的哲学思考，是一种生态伦理的原则。孟子：“诚身有道：不明乎善，不诚乎身矣。是故诚者，天之道也；思诚者，人之道也。至诚而不动者，未之有也；不诚，未有能动者也。”（《孟子·离娄上》）这里说的是诚信是自然的规律，追求诚信是做人的规律；要以“诚”作为“天人合一”理论指向，以“诚”达到人的道德修养的“天人合一”。孔子曰：“断一树，杀一兽，不以其时，非孝也。”（《礼·祭义》）自然是人类的衣食父母，对自然不尊重当然是不仁、不孝。孔子提倡的仁和孝本属社会伦理范畴，但孔子却用此规范指导人与自然的关系，强调仁爱万物，珍惜生命。出于对自然本身的尊重，把自然作为人类的资源加以爱护，这些传统的生态伦理思想朴素而实用。这种质朴的自然观对我们今天进行生态伦理的建设，解决当今的环境和资源问题，实现人与自然的和谐发展，具有启示作用。

第二节　中学思想政治教育的当代发展

一、现代思想政治教育的内涵

思想政治教育是一定社会及其群体用思想观念、道德规范或政治观点对其社会成员施加的有特定目的、计划和组织的影响，从而使这些成员能形成符合社会所要求的特定思想品德的社会实践活动。一直以来，思想政治教育都是精神文明建设的首要内容，也是化解社会矛盾和解决现实问题的主要途径之一。宏观意义上的思想政治教育包括以中华民族悠久历史、优秀传统文化和现代化中国国情及民主和法制教育的爱国主义教育；以讲求团结协作、尊重关心理解他人，讲求集体荣誉和贡献，关心社会公益事业，能正确处理个人与集体利益关系及集体主义人生价值观教育的集体主义教育；以世界观、人生观、科学信仰相结合的人生理想、道德理想、社会理想和职业理想的理想教育；以培养优良传统道德、社会公德、职业道德和道德评判能力的道德教育；以宪法及有关法律法规为内容的知法守法教育；以培养国防和国家安全意识的国防教育；以树立马克思主义民族观、宗教观的民族教育。思想政治教育的发展是一个动态的过程，在教育中既要将中华民族优秀历史文化继承、弘扬下去，又要借鉴吸收其他国家的教育思想、教育方法和教育管理经验，以及一切人类文明发展的优秀的、有益的文化思想。

（一）思想政治教育的本质论、主体论

1. 本质论

思想政治教育是什么？对思想政治教育的原始性问题的科学回答，是思想政治教育研究中的根本性理论命题，也是思想政治教育理论的立论之本，不仅在学科上决定了思想政治教育的属性，在实践上也客观决定着思想政治教育的任务和方向。直到现在，各界对思想政治教育的本质还存在各种探讨，有形态性说、政治性说、实践活动论说、灌输论说、意识说等等。在当前，对思想政治教育本质问题进行马克思主义人学的学理探析无疑具有重要意义。

思想政治教育在本质上是以促进人的生存与发展的价值化方式存在的。这种本质上的思想政治教育价值化方式包括两个方面的内容。首先，思想政治教育存在的依据和价值是促进人的生存与发展。思想政治教育以人的自身为对象，把人作为思想政治教育存在的依据和价值向度，也就意味着必须考虑到个体存在方式上的差异性。这种个体的差异性客观上决定了思想政治教育具有长期性、复杂性，同时思想政治教育本质还在于促进人的自由、全面发展，以人为本，个性发展与全面发展要紧密结合。从本质上说，思想政治教育并不是把个体人塑造成预先设计的样式，而是要启迪人，开启个体的心智，使人能够在成长的过程中从一种自发状态转向自觉状态再到自由状态，从而不断地超越自身。只有这样，个体的人才能以一种全面的方式作为一个完整的人，占有自己全面的本质。其次，思想政治教育属于社会科学范畴，具有工具性和阶级性。不同国家地区和不同时代会有不同的思想政治教育特征，但是都将思想政治教育作为社会治理的工具之一，都认可思想政治教育是社会整合的一种相对于军队、法律等硬权力而言的软权力。因为思想政治教育作用的发挥是非强制性的，是教育主导者通过有组织、有计划地对教育对象进行思想观念和价值取向上的传播和引导，使之在思想上和行动上按照教育主导者的意图和目的进行思考和行动，最终实现教育主导者的教育目的。所以，在这里又看得出，思想政治教育是为一定的阶级、政党等利益集团服务的，有明确目的性和价值取向，表现为思想政治教育会在教育的过程中

把统治阶级的社会主导性价值意志转化为社会成员认同的个人价值观。思想政治教育这种服务于统治阶级的特性,使得任何所谓中立、企图淡化思想政治教育阶级性的做法都是危险的。只有在马克思主义人学的范式下研究思想政治教育本质,强调以人生存发展的价值化存在,实现人的全面发展,才能比较全面地认识和掌握思想政治教育在社会发展中的功能和价值。

2. 主体论

思想政治教育的主体问题是一个存在诸多争议的学科前沿问题。之所以要研究主体问题,原因在于思想政治教育主体的引入与研究,会在思想政治教育中定位思想政治教育主体的角色,从而有效提高思想政治教育的实效性,还会克服把思想政治教育者和教育对象割裂开来研究的思维定式。一般意义上,我们说思想政治教育的主体就是思想政治教育活动的组织、调控与实施者,其最根本的特征也就是其具有的主体性。思想政治教育主体的主体性,从思想政治教育主体与客体的矛盾中表现为具有计划性、主动性、选择性、实践性和创造性等特点,具体为能积极、主动地进行思想政治教育,在教育中勇于探索、开拓创新,具有创新精神和创新能力;从思想政治教育与其他学科比较来看,具有现实性、长期性、艰巨性和综合性特点;从时代角度上看,思想政治教育主体的主体活动具有开放性和创造性等特点。这些特征使得思想政治教育者队伍素质普遍得到增强,个人综合素质得到显著提高。

思想政治教育主体能动性的强弱,还决定着思想政治教育主体能动作用发挥的程度,决定着思想政治教育的整体效率。思想政治教育的主体性还体现于思想政治教育的教育实践活动之中,因为思想政治教育主体主导性地位是在思想政治教育的教育实践活动中形成和发展起来的,可以说思想政治教育实践所发挥的影响、作用与效能,客观决定着思想政治教育主体的主体功能性效果。思想政治教育主体的功能性可以分为教育功能、协调功能、管理功能和研究功能。具体说,教育功能是指思想政治教育主体按照一定教育规律和目的,依据受教育者的思想行为和品德状况以及心理发展的规律,运用启发、熏陶、诱导和说理等方法所进行的思想转化和人格塑造;协调功能指教育主体运用各种手段,协调社会、学校、家庭等各种教育力量和因素关系,统一认识，形成教育合力，从而取得最佳教育效果；管理功能指思想教育主体运用目标、计划、组织和制度等各种管理手段所进行的教育塑造；研究功能指教育主体对思想政治教育经验、本质和规律的总结、分析和探索。思想政治教育主体的研究为思想政治教育工作提供正确的理论指导，培养思想品德高尚的人才，为这些人才的发展提供价值导向。可以说，正确、全面、科学地认识思想政治教育的主体是建构思想政治教育学科体系的最为重要的基础。

（二）国外的思想政治教育环视

虽然国外没有专门对思想政治教育作出一个名词性的定义，但许多国家却一直存在真正意义上的思想政治教育。思想政治教育一直都是各国社会教育的一个重要组成部分，为国家所特别重视。各个国家也在新形势下不断探索思想政治教育之路。要研究国外思想政治教育的理论与实践，特别是欧美与亚洲教育发达国家和地区的思想政治教育的特点和发展模式，在此基础上理性总结它们的思想政治教育发展经验，取长补短；再通过理性、具体的分析，细致的比较研究，批判性的借鉴，进一步改进我国中学思想政治教育的不足，促进中学思想政治教育健康、快速发展，这是我国高等教育改革中的一项重要课题。

1. 各国思想政治教育的模式参考

（1）美国的思想政治教育。美国并没有对思想政治教育有一个准确统一的定义。美国思想政治教育是客观存在的，它实质性是融入公民教育、宗教教育、道德教育、历史教育、法制教育之中的，是一种间接的、渗透式的“隐性思想政治教育”。这种教育贯穿于人们思想品德形成的全过程，表现为教育内容的隐蔽性，教育途径的隐蔽性，教育队伍的隐蔽性，教育方式方法的隐蔽性，教育表现体系的隐蔽性。在美国，资本主义社会制度所需要的道德规范、价值原则、做人的道理等通过广泛的宗教团体和宗教活动，以宗教信条的方式灌输给中学生，同时通过历史文化遗产教育、国家发展前景教育等宣扬美国的爱国主义精神。可以说，爱国主义教育是美国最为重要的思想政治教育内容。

在教育途径上，美国中学以美国文化和人文社科类为主的课程间接渗透思想政治教育内容。在教育队伍上，活跃于课堂的牧师队伍在传播资本主义主流意识形态、开展思想政治教育的过程中发挥着重要作用。在教育方法上，通过美国历史、公民与法、西方经济学、中学生生活导论课、职业道德和社会研究等课程的教学间接对美国中学生进行美式资本主义教育。在教育体系上，形成社会、学校、家庭对中学生思想政治教育齐抓共管的合力。美国是一个历史不是很长的国家，在其二百多年发展历史中，美国一直非常重视其民族传统和民族精神的发展传承。在其中学的思想道德教育过程中，特别强调宣扬美国式政治制度的科学性和合理性，注重培养中学生的社会责任感，关心他人，尊重他人的尊严，承担道德选择责任等。以道德认知为主，美国在经济现代化的进程中，由道德问题的研究与探索开始，形成了种类繁多、方法各异的思想政治教育模式：道德认知模式、价值澄清模式和社会学习模式。道德认知模式采取渗透于社会学习、法律教育学习、心理学教育等课程领域的隐性活动，让学生参与道德发展过程；价值澄清模式强调以生活为中心，接受现实，进一步思考、选择、培养个体自我指导的能力，使受教育者获得最适合和清晰的个人价值观；社会学习模式主张通过净化社会环境、关注大众传媒对人品行的各种正负效应，树立现实榜样来影响学生的道德行为。但无论哪种思想政治教育模式，其根本目的都是传播美国式意识形态，培养符合现存社会政治目标和社会制度的人。

(2)日本的思想政治教育。日本的思想政治教育的理论基础是本土的神道教理论教义和武士道精神以及外来的儒家思想和民族主义思想。这充分诠释了日本善于消化和吸收他国文化的民族特性和思想政治教育的杂糅化。日本对中学生的道德教育是高度重视的，认为道德教育是关系日本未来命运的关键，因而把道德教育放在学校教育的首位；同时也极其重视传统的人格教育，重视社会责任感的培养，使人成为具有自主意识和自制能力的人，成为全面和谐发展的人；并善于运用茶道、和服、樱花节等传统文化，陶冶人的性情，进行民族传统教育。在教育的途径方式上重视客观教育环境的影响，综合运用学校思想政治教育、企业思想政治教育、家庭思想政治教育、社区思想政治教育等多种手段。其中在家庭的思想政治教育方式上，丰富家庭基础文化和道德教育及家人基本信赖关系的教育，还通过家庭教师协会等开展家庭教育的学习、讨论、交流，进而提高家长教育的能力。在学校思想政治教育上，侧重于道德品质的培养和道德行为的塑造，设置规范的、各学科渗透的道德课，培养学生的道德价值观和道德判断能力。在企业思想政治教育上，倡导企业教育。日本的企业教育内容非常丰富，包含技术教育、职业教育、企业精神和企业道德教育。这里面包含的思想政治教育要素很多，如忠诚、团结、协作、恪守职责、勇于奉献的群体价值观精神。在社区思想政治教育上，社会机构、社会组织承担了针对全体国民的思想政治教育任务。日本有公共图书馆、青年之家、市民会馆、文化会馆等众多的思想政治教育场所。其中日本特有的，进行学习、教育和文化娱乐的社区教育综合设施是公民馆，除进行职业教育以外，还实施公民教育。这些社区通过开展宣传，举行各种社区活动，通过隐形的"无意识"的教育提高民众的思想道德教育水平。在大众传媒思想政治教育上，日本的大众传播媒介在政治领域被视为与官僚、政党、利益集团并列的势力。日本的教育决策者在决策中会充分考虑大众传媒反映出的各方意见和利益要求。大众传媒也主动地注意表达社会各种团体和国民的利益要求，反映并评论他们对问题的看法。因而大众传媒对于广大民众政治水平和道德意识起着潜移默化的影响作用。

(3)德国的思想政治教育。德国的思想政治教育的宗旨是加强学生的政治素质和政治参与能力，加深学生理解民主制度和社会基本价值的理念，把学生培养成具有爱国主义、民族精神、崇尚人性、民主与自由、有自尊心和责任感的自由的合格的公民。二战以后，为了消除纳粹遗留下来的极端法西斯主义，德国教育的首要任务是宣传自由、民主、人权的思想，实行民主化、自由化教育改造，就是用西方的民主观和价值观对德国大众进行再教育。学校的思想政治教育功能得以充分发挥，学校承担着灌输基本的资本主义价值观和提高学生个体思想道德境界的重要作用。基于此，德国中学在思想政治教育内容与形式上做了系统的设计。在内容上，德国中学的思想政治教育包括以个人主义为核心的自由主义思想教育，以诚实、尊严、责任感等品质为主的道德教育，以民主、自由、平等、和平统一为理念的政治教育，以爱国主义传统为核心的民族精神教育。这其中的重点放到了学生的思想道德素质教育上来。对学生进行资本主义基本伦理道德观念教育，强化对学生精神的陶冶和人性的磨炼，并创新教育载体和手段，应用多样化的教育方式培养学生的道德感、民族自尊心和自豪感。在教育形式上，使思想政治教育的民主、自由价值观等渗透融贯于文学、历史学、工学、管理学和经济学等各学科、各专业。精心设计中学思想政治教育课程，特别注重考试环节，严格制定考试规章制度，在教学过程中潜移默化地对中学生进行思想政治教育。在德国中学中，承担思想政治教育教学任务的教师队伍普遍是由具有较高的专业素质和合理知识结构的心理学家、社会学家、教育学家组成，这些学识渊博、思维严谨、心思缜密的教育团队能引导学生提高自身的素质并积累知识。德国中学通过社会团体、公共机构和大众网络传媒，随时向学生灌输德国式民主观、自由观、价值观、宗教观、道德规范和社会原则，随时强调对学生进行思想政治社会教育实践。

2. 国外思想政治教育可借鉴之处

总的来看，在全球化的今天，西方主要发达国家在经济文化交流融合之中更加重视思想政治教育，积极从本民族的传统文化中汲取营养，并借鉴其他国家先进的经验和有利于本国的意识形态。总体上来看，呈现了这样一些特点：第一，在思想政治教育的内容上，重视政治功能，倡导爱国主义，抵制马克思主义。西方资本主义国家对社会主义制度、马克思主义的抵制是具有阶级特性和政治目的的，这与我国的基本制度和国情是相悖的，不能为我所用。西方主要资本主义国家奉行自由、民主、平等的政治理念，思想政治教育也往往带有强烈的政治、阶级、民族倾向性。在这个过程中，他们也认识到，要团结凝聚人民只有提倡爱国主义，才能在各种利益冲突中寻找到最佳平衡点，因此各国思想教育中加强爱国主义教育成为主旋律，这种爱国主义的教育是大张旗鼓地展开，通过大力宣扬西方国家的历史、文化和民族精神，对国民进行全方位的爱国主义精神洗礼。而其反对社会主义制度，抵制马克思主义的过程则具有隐性的特征，在传播灌输资产阶级的意识形态的过程中，肃清敌对意识即社会主义意识形态的影响。第二，在思想政治教育方法上，讲究层次性与连续性。西方国家在开展思想政治教育的时候，会根据受教育者不同年龄层次和知识水平来制定差异化的教育目标，强调使用不同的手段和方法循序渐进地来分层次教学，建立开放性的教育模式，把理论教学和社会实践结合起来，做到因材施教。第三，转向重视道德教育，并向传统道德回归借鉴。西方发达国家也一度在过度追求物化经济发展的过程中，以功利效益为标准，忽视了道德原则、道德知识和道德的根本价值，也忽略人自身德行品格的培养。但随即出现的忽视品德教育造成的社会危害，使得各国不得不重新重视道德教育。各国重新挖掘本民族传统文化遗产，克服个人利己主义和相对主义，进行道德重建。第四，在价值观的教育上，强调个人主义自由价值观和社会价值认同并重。追求权力、地位、自由的个人主义是西方资本主义社会普遍奉行的价值观和道德原则，《人权宣言》《独立宣言》等更加深入人心。随着经济的高度发展，讲求合作，培养合作精神，强调为公众利益而学习的集体观念开始盛行。共同社会价值观特别突出了国家至上、家庭为根、关心扶持、求同存异、协商共识、种族和谐、宗教宽容的内容。强调社会价值观是对个人主义价值观的补充，是一种个人主义价值观和社会价值认同协调发展的价值观。

西方的思想政治教育的方法和成功经验告诉我们，认真总结这些国家思想政治教育的做法，吸收有价值的理论，再认清我国思想政治教育的优势和存在的问题，继承并挖掘本民族传统文化的价值，将极大地有利于优化和提高我国的思想政治教育水平。首先要注重思想政治教育氛围和环境的综合效应。校园文化环境的建设，对培养拥有高尚道德水准的学生具有重要的意义。中国的中学可以通过优化学校物质与精神校园环境，通过校园文化陶冶学生心灵和行为习惯。同时开发校园古典式的建筑、塑像、道路等，用物质精神感染学生的传统民族文化气质，提升道德精神境界。其次，要促进显性教育与隐性教育的有机结合。我国目前的思想政治教育以显性教育为主，显性教育对于宣传与灌输基本的思想政治教育理论作用明显，但内容单调，容易让人厌烦。隐性教育恰恰克服了因说教、灌输而引起的受教育者的逆反心理和抵触情绪，但隐性教育又缺少系统理论教导性。只有将显性教育与隐性教育有机地统一结合起来，并运用多种渠道，使思想政治教育与社会服务实践相互融合，才能提高思想政治教育的实效性。最后，在思想政治教育理论课程内容的设置上，深度挖掘传统文化中的价值观，从而加强中国传统文化对培养学生道德素质的重要基础作用。在具体的课程设置上，可以开设传统文化与道德修养的系列课程，把传统文化的精华教给学生，让学生充分认识传统文化经典所蕴含的文化精华，明德修身，健全现代道德观境界。同时学校也要及时组织学生反思现实中的各种道德现象与问题，引导他们作出道德判断，并在判断中明确道德价值标准。

二、中国中学教育中的思想政治教育

我国中学学校教育中的思想政治教育一直是党和国家高度重视的问题，也是我们的优良传统和政治优势所在。中国广大中学把思想政治教育工作视为立校之本、兴校之本、育人之本、教学之本。可以说“以人为本”治国方略的理论支撑之一就在于中学思想政治教育的价值取向。思想政治教育本质上属于意识形态的范畴，受国家政治、经济、文化政策的影响很大，每一个阶段或不同时期的思想政治教育都有相应的时代特征。要创新研究当前中学的思想政治教育，则必须追溯中华人民共和国成立以来各个阶段思想政治教育发展的历史演变，提供借鉴、参考，并以此来改进、加强和创新中学的思想政治教育建设。

（一）中华人民共和国成立以来中学思想政治教育发展回顾

1949 年中华人民共和国成立以来，我国中学的思想政治教育发展大体经过了两个时期，两个时期的分界是党的十一届三中全会的召开。两个大的时期中又可以划分为若干阶段。

1. 1949 年至党的十一届三中全会前，中学思想政治教育的发展

1949 年中华人民共和国成立，经过“土改”“三反”“五反”等一系列政治运动，社会主义改造完成，这其中也包括对中学学校旧制度的改造。中学的思想政治教育肩负起改变旧思想、树立新思想，改造旧教育、创建新教育的重任。当时的“共同纲领”和“过渡时期总路线”都对中学思想政治教育的价值

取向和目标作出了明确的规定，强调要特别加强中学学校中的思想政治教育。进行革命的政治思想教育，肃清一切反动错误的思想，树立正确的观点，用马克思列宁主义的基础知识教育学生，培养大批忠实于社会主义事业的、有一定科学技术知识的专门人才。各中学普遍开设了政治理论课，并将课程和思想政治教育运动相结合。奉行学生德、智、体、美、劳全面发展的教育理念，实施以马克思列宁主义世界观、人生观为指导，以爱国教育和阶级观教育为重点的共产主义思想政治教育。这阶段的思想政治教育客观上促进了中学青年的政治观的形成，也在教育层面对稳定刚刚建立的社会主义制度起到了显著作用。但是，用政治运动方法进行思想教育，不仅违背了教育发展的客观规律，也造成了思想混淆，这在“文化大革命”时期表现得尤为明显。

从中共中央八届十中全会提出将阶级斗争扩大化后，中学的思想政治教育也开始陷入了阶级斗争之中。“文化大革命”中江青、林彪等反革命集团一方面阴谋利用中学思想政治教育篡党夺权，而另一方面，又对思想政治教育进行破坏性的打击，推行极左的路线，提出“提高无产阶级专政下继续革命的觉悟”等错误的教育目标。破坏优良传统，摧毁教育机制体制，严重毒害了学生的思想，导致思想政治教育停滞。虽然1976年“文化大革命”结束，但是紧接着的“两个凡是”错误方针使思想政治教育仍徘徊不前。这个时期客观上为十一届三中全会的拨乱反正和教育改革积累了经验。

2. 十一届三中全会以来，中学思想政治教育的发展

随着十一届三中全会的召开，中学思想政治教育的方向也随着国家工作重心的转移发生了变化，不再以阶级斗争为纲领，而是以马克思主义思想路线的“解放思想、实事求是”为指导思想，转到了服务“四化”建设的总目标上来，正确地定位了新时期思想政治教育的任务、地位和作用，尊重规律，科学、合理地为党培养社会主义现代化建设需要的专门人才。为此，这一时期一系列文件也相继颁布，如1980年的《关于加强中学学校思想政治工作的意见》和《加强和改进中学马列主义课的试行办法》、1985年的《关于改革学校思想品德和政治理论课程教学的通知》、1987年的《关于改进和加强中学学校思想政治工作的决定》，这些制度在此阶段从政策、内容、方法等方面保障了中学

思想政治教育的连续性和稳定性。从党的十二大到十三大，再到十三届四中全会和十六大，直至十七大、十八大，我国中学思想政治教育进入到改进、加强、创新发展阶段。各中学紧紧围绕党的基本路线，切实改进思想政治工作，着力培养新人，并纷纷设立研究机构，使思想政治教育向科学化、法制化迈进。但也一度出现了共产党“僵化论”、马克思主义“过时论”“异化论”等错误思潮。国家为此制定了《关于加强中学学校思想政治工作的决定》，各中学也认真贯彻执行中央的精神，坚持党的原则教育和基本路线教育。

十三届四中全会之后，党中央总结经验教训，为扭转一手硬一手软的现象，大力加强社会主义精神文明建设，高度重视中学思想政治工作。这期间最为重要的一个文件就是《关于进一步加强和改进中学生思想政治教育的意见》。这个文件对中学思想政治教育具有极其重要的意义，文件分析了中学思想政治教育所面临的形势和任务，全面阐述了中学加强和改进思想政治教育的指导思想、基本要求、主要途径和措施。随后，各地方和中学认真贯彻文件精神，结合各自实际，采取切实措施，制定具体的实施方案。比如在党建上落实校长负责制，当然这要坚持在党委的领导下。这种机制以党建推动思想政治教育工作的开展，客观上有利于进一步加强党对中学思想政治教育的领导，有益于深入推进中学的思想政治理论课程改革，从而使党与国家的社会主义理论进教材、进课堂、进入到中学生的头脑中，对学生进行近代史教育、国情教育、形势教育；能充分发挥思想政治理论课的主渠道作用，倡导中学生社会实践活动；可以加强校园文化建设，深入开展人文素质教育，提高中学生的文明素养，加强中学思想政治教育队伍建设；等等。近年来，中学思想政治教育比以往任何时候都更加注重教育理念、内容和方式方法的创新。突出强调德育的重要性，突出理想信念教育、爱国主义教育、民族精神教育，突出以创新改革为核心的新时代精神的教育、心理健康教育。有效运用网络等新兴传媒开展思想政治教育，提高思想政治教育的科学化教育水平。这一系列的改革使得中学思想政治教育的创新性和实效性明显得到增强。中学思想政治教育在培养社会主义事业建设者和可靠接班人上呈现出崭新的局面。

(二)对中学思想政治教育发展历史的深思

1949 年中华人民共和国成立以来,中学思想政治教育的历史是由单一走向整合的转变过程。其中有正确的时候,也有错误的时候。我们要借鉴成功的经验,吸取历史的教训,促进当前中学思想政治教育的开展。主要的历史启示体现在以下几个方面:

1. 坚持正确全面的思想政治教育观

全面发展的思想政治教育是人的全面发展,人的全面发展也构成社会发展的中心内容。顾名思义,人的全面发展就是按照人的本质,即作为一个完整的人,以一种全面的方式,占有自己全面的本质。这也正是思想政治教育的根本目标所在。所以坚持正确全面的思想政治教育观就是坚持以中学生个人的全面发展为教育目标,就是要重视作为思想政治教育者的素质的提高。过去,我们一味地重视对学生的思想政治教育,而长期忽视对教育者的思想政治教育。要有效提高思想政治教育者的整体素质,必须持续不断地对其政治素质、道德素质、思想素质、法律素质进行教育。必须首先提高其知识能力素质、心理素质、创新素质等,只有这样才能取得良好的效果。当然,思想政治教育的受教育者——中学生的素质提高才是根本需要,重点就是思想道德修养的提高。

2. 坚持思想政治教育的正确导向

能否培养出社会需要的,具有自觉性社会服务意识的中学生,不仅直接关系到党和国家事业发展的全局,而且关系到中学思想政治教育能否沿着正确的教育方向前进。坚持中学思想政治教育的正确导向,就是要正确科学地引导中学生全面理解和贯彻党和国家的基本路线,正确认识和处理社会价值与自我价值之间的关系。坚持正确的政治方向,高举新阶段建设中国特色社会主义的伟大旗帜,坚定不移地走中国特色的社会主义道路。坚持中学思想政治教育的正确导向,就是要坚持把握政治方向和价值取向的辩证统一。从 1949 年中华人民共和国成立以来中学思想政治教育的发展表明,只有坚持政治方向和价值取向的正确的辩证统一,才能有效地引导当代中学学生为社会主义现代化建设作出更多有益的贡献。

3. 坚持“以人为本”的思想政治教育理念

中学思想政治教育在于对人性的充分肯定和尊重,弘扬人的主体性,提高人的主体意识,促进人的个性发展,启发学生的自觉性,激发创造性,立足于学生的身心实际和发展实际,以学生的全面发展为目标和归宿,以促进社会发展为手段,注重学生的人性认同,注重学生的人格尊重。注重学生的人文关怀,给予学生更多人性的色彩。这是中学思想政治教育应达到的效果。坚持以人为本就要坚持以马克思列宁主义、毛泽东思想、邓小平理论、“三个代表”重要思想和科学发展观为指导,坚持以新时代中国特色社会主义思想为思想行动指导,以培养全面自由发展的社会主义优秀建设者和接班人为目标,坚持教育与自我教育相结合、教育与管理相结合、政治理论教育与社会教育实践相结合。以继承优良传统与改革创新相结合为原则,深入细致地开展中学思想政治教育社会实践,同时尊重学生,突出学生的主体性地位,关注学生的精神需求,切实有效地通过中学思想政治教育,为现代中学生构筑人生理想提供思想支持、理论支持、时间支持,从而实现中学思想政治教育人和政治诉求的和谐统一。

4. 坚持以社会主义核心价值体系为核心的思想政治教育

新阶段、新时期思想政治教育理念创新与发展的重要依据之一就是社会主义核心价值体系。社会主义核心价值体系与中学思想政治教育存在着一种相互促进的内在统一的关系。中学教育中开展的社会主义核心价值体系建设为加强和促进中学生思想政治教育营造了良好条件,创造了机遇,也提出了新的要求。社会主义核心价值体系是对中学思想政治教育内容、目标的总结和精练概括。

社会主义核心价值体系的内容与中学思想政治教育的教育本质、目标、任务等相融合,是中学思想政治教育集中的体现和反映。中学是建设社会主义核心价值体系的主阵地和主导力量,发挥着主渠道的作用。一方面社会主义核心价值体系在全社会营造的氛围,客观上增强了中学思想政治教育的有效性,促进了中学思想政治教育的顺利发展,另一方面社会主义核心价值体系的内容建设也需要依托中学思想政治教育的巩固和发展。现在每个中学在思想政治教育中，都把对学生的社会主义核心价值体系教育当作一个重点问题来探索和研究，充分发挥中学的主导性和能动性作用。在将社会主义核心价值体系融入中学思想政治教育的过程中，要突出马克思主义中国化的最新成果，倡导爱国主义和集体主义，培育和践行社会主义荣辱观，强调民族精神和时代精神，加强理想信念教育、形势政策教育，不断增强道路自信、理论自信、制度自信、文化自信。

三、目前中学思想政治教育的发展趋势

（一）目前中学思想政治教育的本质特征

纵观中国现当代教育发展历史，可以说在革命战争年代，思想政治工作是为了民族的独立和人民的解放，掌握思想政治教育是全党团结进行伟大斗争的中心环节。中华人民共和国成立以来，思想政治工作的生命线则是为了中国特色社会主义制度的建立和巩固。思想政治教育这个党和国家的优良传统和政治优势，在今天已然为社会主义现代化的建设提供了充足的精神动力和思想保证，为推进现代化建设，全面建成小康社会，实现中华民族的伟大复兴提供了保证。各中学也把思想政治教育作为学校的立校之本、治校之本、兴教育人之本，将其视为中学改革、发展和稳定的重要导向、动力和保证，视为培养德、智、体、美、劳全面发展的高素质创新型人才的关键。目前，在高等教育层面上，我国教育正处于由精英教育向大众化教育的转型阶段，这个阶段也是由规模扩张走向以提升质量为主的阶段。这种由精英教育向大众化教育、由规模扩张向提升质量为主的发展态势为各中学思想政治教育的走向提出了新的思路和问题。面对这些新问题，传统的思维方法、运作模式和措施势必要进行改革，这就要求中学要在理论与实践上都作出与时俱进的创新性思考和理性决策。与时俱进、开拓创新的本质属性和特征本就是中学思想政治教育应该具有的精神。

（二）目前中学思想政治教育的理想境界

以往思想政治教育的很多做法和经验是值得反思的，表现为：教育缺失，忽视素质教育，过分看重分数，教育缺腿明显，对学生期望过高，将压力无形

中转嫁给了学生。在中学的思想政治教育工作中，教育者有时超越现实需要，超越学生的承受能力，把具有强化性的教育愿望、教育观念、教育内容、教育方法和要求以及教育的心理缺陷，通过各种途径转嫁给学生，用强迫成才成功的、脱离实际的“远、大、高”等目标要求学生，甚至强迫学生接受所谓的必需的教育，而与学生平等沟通不够，给予民主理解不多。长此以往，致使一些人产生心理畸形或人格缺陷。其实，中学思想政治教育的理想境界是管用有效、协调和谐。随着中学办学形式的高速发展、招生规模不断扩大，办学质量、层次获得不断地提升。随之而来的是管理体制改革步伐的加快，特别是人事分配制度。这使得高等教育出现了大学水平的大众化、人才流动的国际化、教育投资的多元化和教学手段科技化的局面。可以预测，未来高等教育的发展将更为猛烈多变。所以，要使中学思想政治教育进入管用有效、协调和谐的境界，我们必须深入分析新形势，认真研究新问题，积极应对新情况；还应该总结新经验，树立新观念，构想新内容，寻找新途径。

（三）目前思想政治教育的与时俱进、开拓创新

目前中学思想政治教育在不断地尝试着实行改革，并在持续不断的改革中加强，这种改革和加强客观上又不停地务求落实与创新，从而使得思想政治教育的本质和主流朝好的一面发展。当然在取得较大成绩的同时，也有存在的问题。因此，可以说中学思想政治教育是一项科学的事业，一门职业学问，一项专业的艺术，也是一个系统的工程。在这个新阶段，中学思想政治教育的发展趋势是与时俱进的、开拓创新的。与时俱进、开拓创新是中学思想政治教育的本质特征和鲜明特色，中学思想政治教育的创新是一个天天说、月月讲、年年谈的老话题，但却不是一个简单的口号和标签。应该说着眼于理论、观念，体制、机制，内容、形式和方法等实实在在的创新才是最有价值、最重要的选择。所以，中学思想政治教育与时俱进、开拓创新的内涵至少包括：

第一，观念的现代化。当前中学思想政治教育的不断创新最先表现为观念的持续更新，那就是要形成符合当前时代进步、发展和培养创新型高素质人才需要的谋划、实施和评估中学思想政治教育工作的现代化新观念。这种

现代化新观念包括:将思想政治教育置于战略位置,作为一项战略任务,确保不越位、不错位、不失位的战略工作观;按照思想政治教育自身的特点和规律,将思想政治教育作为一门科学和一门艺术对待的科学工作观;强调针对性和实效性,注重效益质量,提高中学生的整体素质,特别是思想政治品德素质的质量工作观;重在建设、重在发展、重在创新,力求落实思想政治教育大政方针的规范工作观;将"教书育人、管理育人、服务育人"齐抓共管,学校、家庭、社会"三位一体"的全员工作观。

第二,途径多样化。客观上有多少影响中学培养中学生思想政治教育素质的因素和渠道,相应的就会有多少对应的解决措施和教育途径。纵观现在中学的实际情况,措施途径的选择足够多。比如,学校各级党组织的党团活动,思想政治教育管理者的管理工作,学校的思想政治理论课,思想政治教育的辅导员、班主任制度以及各种社团和学校思想教育的咨询研究等。但无论是哪种途径或措施,最终的结果都会让他们实现认同、接受、内化、践行的转变过程,都是从多途径、新途径、好途径探索的过程,都是为了思想政治教育内容进入中学生的头脑。最后,实现途径的多样化还要特别注意投入的问题,即在强调思想政治教育进课堂、进社团、进社会实践、进网络的时候要舍得投入,不能因为短时期的收益不足而放弃投入。

第三,内容整体化。中学思想政治教育内容的发展方向是将科学性、思想性、丰富性、规范性、创新性相统一整体推进。既要达到教育内容定位准确、安排富有创新性,还要达到教育内容反映时代精神、体现民族文化、形成科学体系的客观要求。这就要求思想政治教育的内容要保持相对的稳定,教育的核心内容要相对明确。同时相关的内容要有机结合,使得整体内容成为一个系统。所以,中学思想政治教育工作者要在这些思考之上担负起责任,建立起方向相一致、目标相一致、规格相一致、要求相一致的合力教育和管理机制,从而力争使得各高等院校各有优势、各有专业、各有特色,学生各有专长。

第四,人员专业化。未来中学思想政治教育的从业者应该是政治上坚定、业务上精湛的专业化、学者化人才。专业,意味着高质量,也体现着主体的不可替代性。中学思想政治教育重点研究的是中学生丰富多彩的精神世界，它负责解答昨天、今天和明天关于世界与人生的问题。解决的是中学生面对社会与人生的问题，面临的是不断地发展、变化与研究探索，这一切要求思想政治教育者拥有广博、深厚的学识基础，拥有实操的技术能力，这也为思想政治教育人员的专业化明确了指向，即要向事业型、开拓型、务实型、复合型发展。

第五，考核综合化。中学思想政治教育的发展是一个系统的工程，要想使其不断地发展与完善就必须使思想政治教育考核体系更加完备，提高管理的科学化水平，并使考核手段、方法更加综合化。目前，中学思想政治教育管理的趋势正在由传统的随意型、被动型向规范型、创新型过渡。基于此，中学思想政治教育的重点是着眼于管理理念、管理内容、管理形式和管理目标的科学化。至于考核的综合化，可将学生思想政治教育理论学习成绩、思想素质、日常表现以综合测评的形式，统一纳入思想政治教育工作整体考评体系中，或将思想政治教育理论课的教育实践环节不仅与理论课堂衔接，还要与党团、社团活动有机结合。总之，在保证考核评价体现学生个性发展、体现民主参与过程、体现评价方式层次性和多样性的前提下，建设长效的思想政治教育考核综合工作机制。

（四）新时期思想政治教育的“四个”必须

一是必须用马克思列宁主义、毛泽东思想、邓小平理论、“三个代表”重要思想、科学发展观和新时代中国特色社会主义思想指导新时期的中学思想政治教育。这些先进的理论反映着当今时代的主题，体现着新时代的精神，展现出信息时代的特征，保证了中学思想政治教育不偏离方向，保持魅力和作用。

二是必须学会在经济全球化、政治多极化的国际竞争中，在不断提高综合国力的前提下，面向世界，站在国际化的高度，坚信民族传统文化的特色和优势，坚持传统文化的发扬，坚信民族的经济、政治、文化是与中学思想政治教育相适应的。同时，还要学习借鉴人类一切文明教育成果，合理接受其他国家公理性的价值观，使中学思想政治教育在与国际接轨，在与各文化教育发达国家相互竞争中,长期共存,双赢共利,进而培养学生的综合素质特别是思想政治品德素质。

三是必须使中学思想政治教育紧紧围绕着培养高素质的创新型人才这个中心进行不断改革。中学思想政治教育为中学的改革、发展和稳定提供导向和思想动力保证,反过来中学改革、发展和稳定为中学思想政治教育提供有利条件。现如今,面对持续不断进行的改革,面对社会状况复杂而深刻的变化,特别是就业方式、利益关系和分配方式多样化的情况下,中学要向学生进行党的基本理论、基本路线、基本纲领、基本经验教育及爱国主义、集体主义和社会主义思想道德教育以及社会主义荣辱观教育。对于理想信念教育,要充分改革其原有的教学科研工作观念、内容和方式,一切以解决中学生的思想认识问题和实际问题,以学生的全面发展成长为目的。

四是必须正视新时期新阶段高等教育飞速发展、办学规模持续扩大、教学质量深化提高、中学内部管理体制改革的情况。要更新落后的教育观念,改革过时的教育内容,扬弃陈旧的教育方法,使得中学思想政治教育随着中学思想政治教育原则、环境、内容、任务和对象的变化去探寻新的理念,研究新的思路方法,总结新的经验对策。

四、思想政治教育未来发展的保障

信息化时代,高校思想政治教育在总体上要力求把握“三个统一”、明确“四大特性”和达到“五项要求”。只有这样,高校思想政治教育才能在总体上体现时代性、把握规律性、富于创造性、增强实效性;才能实现教育和谐,达到教书育人、管理育人、服务育人的统一;才能体现出思想政治教育的主阵地、主渠道作用和意义,才能优化思想政治教育的客观环境,保障制度建设不断顺利进行;才能使得作为受教育群体的中学生在德、智、体、美、劳诸方面全面发展。

(一)把握“三个统一”

这“三个统一”分别是:第一,主旋律、多样化的统一。在中学对中学生的教育中,任何时候马克思列宁主义、毛泽东思想、邓小平理论、“三个代表”重要思想、科学发展观和新时代中国特色社会主义思想教育都要旗帜鲜明地成为思想政治教育的主旋律。但在紧抓不放之时，还要从实际出发，选择多种多样的形式；在信息传媒高度发达的今天，善于运用新载体、新手段开辟新途径。在采用新教育形式的时候，要采用学生喜闻乐见的，对其管用有效、受益多多的方式。第二，远目标、近距离的统一。中学思想政治教育要讲远大目标、战略目标。中学思想政治教育的目标之一是提高中学生的思想政治品德素质，杜绝动摇信念、淡化理想、远离崇高的放弃主义。中学生思想政治品德素质目标的实现需要一个软着陆的过程，理论要讲清、讲明、讲透，要在这个过程中强调感召力、说服力、激励性、鼓动性，注重倡导奉献和付出。要讲贴近学生，贴近教学、科研、生活、实践的内容，不能脱离学生实际；要深入学生心灵，提倡近距离沟通。第三，高效益、低成本的统一。在今天高度发达的市场经济条件下，中学教育者都是怀着一颗热爱、执着之心在做这项工作，也对思想政治教育的发展充满了责任感和事业感。但是光有决心和感情是不够的，信息时代的市场经济讲求的是效益的最大化，即使是思想政治教育也不能例外。换句话说，如果不能产出良好的效益便不会有中学思想政治教育的良性发展。当然我们是在理智的前提下考虑效益化的问题，因为中学思想政治教育的效益不是一个单一的经济性的指标，毕竟思想政治教育还是通过精神生产产出精神产品，这种效益更多地表现在中学生的品德知识素质等综合指标上。然而低投入、高产出，以最小的成本获得最大的利益是不能操之过急的，不能急于求成，否则往往欲速不达。总之，还是应该从成本预算的角度核算思想政治教育的投入产出的效益问题。

（二）明确“四大特性”

一是党性，思想政治教育一定要坚持住党性的原则、思想性的原则和方向性原则，坚持住马克思主义在意识形态领域的思想指导地位，坚持落实邓小平理论、“三个代表”重要思想、科学发展观和新时代中国特色社会主义思想的科学体系的教育内容，践行“中国梦”，培养社会主义建设优秀人才，坚持在明确政治方向、政治立场、政治态度问题时，把党性原则放在最为重要的地位。二是理性，中学思想政治教育理论本身就是为中学谋发展的理论，是为中学生谋利益的理论，也是以理服人的教育理论，具有哲理性魅力、理论性魅力和科学性魅力，也正是由于思想政治教育科学的理论才保证了思想政治教育应该具有的感染力、说服力、吸引力和渗透力。三是人性，中学思想政治教育要始终关心中学生的实际需要和实际利益需求，以中学生的成长、成才的需要和利益为存在和发展的基础，因而要富有人情味，充满人性，要讲人性、讲关怀、讲关爱、讲情感、讲道德、讲良心。四是个性，中学思想政治教育在讲求团体共性利益的同时，也要看到中学生个体的差异和区别，看到在教育中中学生千人千面的个性和特点。所以，在尊重集体主义精神的前提下，一定要尊重中学生个性发展需要，顾及个人满足感，尊重人格尊严并发掘其个性特长。

（三）达到“五项要求”

1. 能创新

中学思想政治教育一定要坚持把中学生作为思想政治教育的主体，把中学生的全面、自由发展作为思想政治教育的根本。要站在历史高度，运用战略眼光，对教育创新进行宏观构想。中学思想政治教育的创新包括理念创新、机制创新、内容创新、形式与方法创新、制度创新等。在这一系列创新中，一定要在理论上登高望远，运行上拉近距离，高立意、低姿态，重视具体操作。这样才能对学生产生亲近感和亲和力。为此还要做到几个转变：首先是意识管理的转变，毕竟未来中学思想政治工作要由繁杂转向简约，所以管方向、管规则、管结果的巧管、会管就显得很重要；其次是姿态的转变，要由教育权威向平民教育过渡，多树立平等权利思想，多一点民主意识，多一点亲近态度，要在潜移默化中进行并完成思想政治教育工作；再次要向主动参与转变，讲求所有受教育人的共同参与、自主进行、双向交流，这样才能彼此都有收益；最后，要向务实转变，应虚事实办、虚功实做，以实求新、以特求新、以深求新、以精求新，重在实效。

2. 有特色，得实效

中学思想政治教育有特色、得实效才有生命力，有求实精神才能增强思想政治教育的针对性和实效性，取得良好的育人效果。一般情况下，任何一所中学的思想政治教育都有自己的独特之处,都会在构建富有特色的思想政治教育体系、机制和模式,在理论指导、主要内容、基本原则、重点要求上明确统一的标准。建构符合中学实际的有特色的思想政治教育,主要是为了取得思想政治教育的实效,是为中学生谋取最大化的利益。为此众多中学纷纷在突出优势和培育专长上下功夫,通过优势突出特点,通过培育专长形成特色,通过不断扩大特色取得实际效果。为此,有的中学从拓展思想政治教育的覆盖率,提升思想政治教育的接受率,增加思想政治教育的效益值,扩大思想政治教育的满意度等方面论证实效的取得和特色的培育。

3. 重人文

中学思想政治教育应该以为学生服务为出发点、落脚点。以往思想政治教育有时却不是从人性化出发,没有落实以人为本,而是习惯于从某些理论、原则、观念出发,习惯于从某种政治需要出发,习惯于依靠或等待精神或指示,缺少积极主动的实地研究,缺少千方百计地解决广中学生的思想认识的行动。要想搞好中学思想政治教育,必须以学生为主体,以学生为中心,无论如何不要压制学生、限制学生、束缚学生,要促进学生的全面发展、健康成长。为此,要尊重人的需要,正视学生的正当个人利益需要,正视学生追求幸福生活的思想行为和方式;要尊重学生的人格,尊重学生的差异和个性,重视对学生思想道德问题评价的标准;要维护中学生的权益,帮助中学生实现自身价值,促进其全面发展。

4. 讲诚信

现代社会极其讲究以诚信立业、建业、兴业、成业,以诚实守信为人、立世、做事。现代诚信包含着名声、名誉、信用等多个方面,现代诚信是建立在诚实基础上的心理承诺与契约实践相结合的一种意志和能力。中学思想政治教育的工作就是与中学生的心灵、思想这些人的最神圣的领域打交道,最应该讲诚信。思想政治教育如果失去诚信,会使中学生产生逆反心理,引起厌倦情绪。所以诚信是中学思想政治教育工作取信于中学生的关键,对一切毁损诚信的行为坚决杜绝,坚持言行统一,绝不失信于中学生。要打造中学思想政治教育的诚信形象,树立诚信品牌,切实降低信誉风险。

5. 树品牌

中学思想政治教育追求的目标就是出优秀的人才、优良的成果、良好的效益。思想政治教育是中学先进文化、前进方向的代表，是同反动的封建文化、腐朽的资本主义文化以及没落的粗俗文化斗争的文化牌。思想政治教育是高品位文化，它讲理想、讲信念、讲道德、讲法纪、讲真善美，是中学的一个品牌、一种形象。它要求所有思想政治教育者重视创造性知识，重视吃苦、努力、奋斗的科学精神与人文精神，重视摆脱世俗、防止机械、超越功利，重视人性化，以为学生谋利益为思维重点、工作重点，既要帮助学生实现满足物质需求，更要帮助学生满足精神层面的需求。

第二章　中学思想政治教育的内涵

思想政治教育属于意识形态领域的重要社会实践。任何国家为了维系它所实行的社会制度,维护社会的稳定,都需要从教育方面来灌输思想教育的知识,培养社会上需要的合格人才。

新媒体时代,我国中学承担着人才培养和服务社会两项重要职能,而中学的人才培养对我国社会主义现代化建设具有举足轻重的意义,因为我国高等院校是培养和造就高素质创造型人才的摇篮,是培养和造就社会主义事业建设者和接班人的重要阵地。如何结合中学发展的特点,进一步明确中学的思想政治教育的内涵建设,从而实现教育与发展的互动机制,更好地为社会建设服务,这是中学力求解决的重要问题。因此中学必须重视思想政治教育,加强思想政治的内涵研究,充分发挥思想政治教育服务个体、服务社会的能力,加大思想政治教育成果的显性教育意义的转化,充分发挥中学育人功能,优化人才培养机制和人才培养模式,从而实现中学科学性、系统性、和谐性发展。

第一节　中学思想政治教育的概念

一、思想政治教育概念的起源

从最早期马克思主义创始人的革命实践中,我们可以寻找到思想政治教育最初的"描述性"定义。这一时期的定义仅仅存在于马克思主义者的宣传革命实践中,缺乏系统性的总结和理论性高度。共产主义创始人马克思、恩格斯对于思想政治的认识注入实践对共产主义的宣传中。早在1847年,马克思和恩格斯创立了第一个国际性质的无产阶级政党,马克思主义者对宣传工作、理论教育的重视,实际上这就是对思想教育的重视,只有思想一致,才能实现下一目标。列宁同志继承和发展了这一革命成果,更加明确提出政治教育的概念。在《怎么办》中,列宁就明确要求,“社会民主党人不但不能局限于经济斗争,而且不能容许把组织经济方面的揭露当作他们的主要活动。我们应当积极地对工人阶级进行政治教育,发展工人阶级的政治意识”。当马克思主义与中国革命实际相结合后,中国的马克思主义者不失时宜地进行思想政治教育内涵研究。在中国共产党人中,毛泽东在《和英国记者贝特兰的谈话》中指出“政治工作”是共产党领导的;周恩来于1934年最早提出了“政治工作是红军的生命线”的论述;陈云在延安时期最早使用“思想政治工作”这一概念。在中国共产党人早期有关“思想政治教育”的论述中,很难在文字上找到一致性,但是其中却蕴含着些许本质上的共性。他们有关政治教育、思想教育、道德教育等方面的主张和要求在本质上反映了中国共产党一贯的主张和做法:在革命斗争中不失时机地进行党员和群众的思想政治建设。因此,虽然他们对于思想政治教育的叫法不同,但是其提出、使用和发展都为后来的思想政治教育概念的提出奠定了基础。

二、思想政治教育概念的提出

政治工作:是这些概念中使用频率最高,也是核心的一个概念。它是指一定的阶级、政党、团体为了实现自己的纲领和根本任务而进行的活动。如阶级斗争、政权建设、党的思想和组织建设等。包括思想性的政治工作,也包括非思想性的政治工作。如组织工作、统战工作、纪检工作等都属于政治工作的范畴。思想工作:是指一定的阶级、政党、团体帮助人们树立与社会发展要求一致的思想,改变偏离社会发展要求的思想所进行的活动。其目的是使人们的思想更符合客观实际,以便更好地改造客观世界。思想工作,包括政治性的思想工作,也包括非政治性的思想工作。具体地提出是在中华人民共和国成立后，随着我国政治和文化建设的要求，也为了鼓励学生能够积极地参与到社会建设中来，加强思想政治教育是非常必要的。1978 年，中共十一届三中全会召开，确立了改革开放的伟大决策。从这一时期开始，我国有关思想政治教育概念的使用走向科学化。在十一届三中全会之前，有关思想政治教育概念没有严格的界定，多是来自实际工作的需要和现实政策的变化。十一届三中全会之后，紧跟改革开放的步伐，随着经济改革的进一步深入，也随着学校的进一步发展，加之学科化建设意识的形成，思想政治教育概念才真正得以进一步的明确和规范。改革开放后，思想政治教育发展有了转变性，从依附性发展向自主发展转变。思想政治教育学科主要是借助政策推动而获得了迅速发展，学科发展过程中政策依附性特点突出。这种模式带来的影响在思想政治教育专业发展史上十分明显。比如，在该专业设立后的第一个十年，由于有教育部相关政策支持，学科发展迅速；而在学科发展的第二个十年，由于国务院学位委员会学科目录调整、教育部机构改革，学科建设一度滞后，学科发展也一度出现曲折。这段历史表明，在过去一个时期内，思想政治教育学科发展还未进入自主发展阶段，还存在对政策的依赖；在学科建设初期，由于缺乏建设经验，有国家和教育部相关政策扶持和保护，对于其学科发展至关重要。但是，经过几十年来的发展，思想政治教育学科已经逐渐建立了与其他学科一样的独立学科发展地位，逐步摆脱对政策的依赖，遵循学科建设的一般规律，实现学科自主发展。

从依托式发展向独立发展转变。思想政治教育学科是我国人文社会科学新型学科，缺乏学科建设的历史经验和国外资源。因此，在其学科发展的相当长时间内，主要采取依托式发展模式，即依托我国人文社会科学中相对比较成熟的学科，比如教育学、心理学、政治学等学科的思想资料，进行自身学科理论体系的构建。在思想政治教育专业建立之初，对其学科属性并没有作具体说明。《教育部关于在 12 所院校设置思想政治教育专业的意见》中宽泛地作了规定："思想政治教育专业的本科毕业生，凡符合《中华人民共和国学位条例》第四条规定的，授予学士学位。"在实际专业建设中，鉴于开设思想政治教育专业的学校主要是综合院校和师范院校，因而在授予学位时一般授予法学学士或教育学学士。后来，由于思想政治教育硕士点、马克思主义理论与思想政治教育博士点列入政治学一级学科内，成为政治学学科的二级学科，思想政治教育越来越偏向以政治学取向为主开展学科建设，在硕士和博士层面更多地授予法学硕士和博士学位，这使得思想政治教育学科具有了深厚的政治学、教育学倾向。正如有学者评价："当下思想政治教育学的'微观'色调，形成于其以教育学为底色的学术史。"然而，在思想政治教育学科建设过程中，特别是马克思主义理论一级学科建立，思想政治教育成为马克思主义理论学科目录下独立的二级学科以后，思想政治教育学科建设应具有本体意识，实现独立发展。

自中华人民共和国成立到现在，思想政治教育在说法上经历了"宣传工作""政治工作""思想工作""政治思想工作""思想政治工作"等的发展和转变，虽然这些说法在概念、内容、作用方式、功能导向上有所区别，但是其政治属性是一以贯之的。"思想政治教育"这一概念的建立，日渐成为规范、统一的术语，这样使得思想政治教育研究者开始从不同方面对思想政治教育概念作出定义和分析，思想政治教育的概念也日益明晰起来。

三、思想政治教育内涵的发展

从我们对"思想政治教育"这一概念提出和演变过程来看，反映了中国共产党由革命到建设再到发展整个过程中对思想政治教育工作的不同认识。由思想政治教育这一概念的确立过程可以反映出任何理论的产生都需要一个从实践上升到认识的过程，都需要一个从认识上升到理论的过程。这也为以后，我们丰富和发展思想政治教育这一理论作出了榜样。

现在的社会要求我们在了解思想政治教育概念内涵的同时，也要注重概念的演进和发展，同时也要关注克服概念发展史的局限，坚持利用思想政治基础分析现实存在的问题，坚持做到事实判断与价值判断相统一、社会需求与个体需求的结合、教育内用与教育目标的一致性，这样才能使思想政治的概念更加合理和完善。

中学教育阶段的思想政治教育在我国的发展主要表现在改革开放以后，

但是其过程还是与思想政治教育概念的发展异曲同步的。改革开放以来,中学教育阶段的思想政治教育的发展呈现出一定的特点。纵向而言,可以将其大致分为两个阶段:一是1979年初到1989年夏;二是1989年6月至今。前一阶段,伴随着改革开放的提出,我国社会结构突变,由经济多元发展引发的文化多元化导致了政治多元化的舆论导向,中学生萌生出“全盘西化”的思想倾向,加上中学思想政治教育尚处在萌生阶段,本身比较弱化,这样便造成了资产阶级自由化思潮在中学领域的肆意泛滥。最终爆发了一场事态严重的学生运动风波,使中学思想政治教育面临了前所未有的质疑和挑战。二是1989年6月至今。这一阶段,中学思想政治教育由颓势走向旺势。经济上的持续发展,为文化领域提供了强有力的物质支持,“前车之鉴,后事之师”,党和国家也加快了思想政治教育领域的法律法规的制定,关于加强中学生思想政治教育的一系列大政方针的制定和落实以及不断加强夯实思想政治教育的成果,对扭转思想政治教育的不利局面起到了关键作用。

总结来看,中学思想政治教育的发展可谓“跌宕起伏”。近年来,随着中学思想政治教育活动和研究的不断深入,有关思想政治教育的内涵有了新的发展。从目前研究的情况看,学者们尽管对中学思想政治教育所涉及的要素表述不尽相同,但对于中学思想政治教育的内涵,学者们都给予了自己的见解和表达,归纳起来较为集中的有以下几点:

一是活动说,即表明中学思想政治教育作为一种活动的规定性。张耀灿在力图弱化中学思想政治教育的阶级本质的基础上,阐明中学思想政治教育是“使他们形成符合一定社会、一定阶级所需要的思想品德的社会实践活动”。

二是行为说,即阐释了中学思想政治教育的一种行为形态。苏振芳认为中学思想政治教育是“一定的阶级或政治集团,为实现一定的政治目标,有目的地对人们施加意识形态的影响,以期达到转变人们的思想,指导人们行动的社会行为”。

三是科学说,即把中学思想政治教育从定性学科的角度去研究中学思想政治教育的属性。在国家文件《国务院学位委员会、教育部关于调整增设马克思主义理论一级学科及所属二级学科的通知》中的定义为"中学思想政治教育是运用马克思主义理论与方法，专门研究人们思想品德形成、发展和中学思想政治教育规律，培养人们正确世界观、人生观、价值观的学科"。

四是功能说，即揭示中学思想政治教育能产生某种结果。陆庆壬认为中学思想政治教育是"为实现一定的政治目标，有目的地对人们施加意识形态的影响，以期转变人们的思想"。

五是系统内容说，即中学思想政治教育包含自己独特的内容。邱伟光认为中学思想政治教育的内容的选择是"受社会经济政治文化的制约和影响的，包括思想教育、政治教育、道德教育"。

第二节　中学思想政治教育的特点

中学思想教育，是作为改革开放以来发展起来的一种特殊类型的教育形式，根据中学生的特点，可以归纳出此时思想教育的特点为：专业特色鲜明，这种鲜明的特色不仅专业，还包括了各个层面的特点。

如果站在教育人员的角度，想要做好中学阶段的学生的思想政治教育工作，首要任务就是要正确认识和把握思想政治教育的特殊性，同时兼顾中学生心理发展的特点。所以，制订了正确的思想教育工作的内容、目标、任务和方针，从而进一步取得了思想政治教育工作的时效性。中学思想政治教育过程作为一种相对独立的教育过程，有一定的发展特点。

一、思想政治教育创新发展的时代特征

习近平总书记在党的十九大报告中指出："经过长期努力，中国特色社会主义进入了新时代，这是我国发展新的历史方位"，这一重大政治判断为我们党制定大政方针和行动纲领提供了根本依据，也对思想政治教育的创新发展提出了更高要求。党的十九大报告强调，要全面贯彻党的教育方针，落实立德树人根本任务，发展素质教育，推进教育公平，培养德智体美劳全面发展的社会主义建设者和接班人。要贯彻落实这一精神，就要把握好新时代思想政

治教育的时代特征、价值导向和发展动力，推动思想政治教育不断创新发展。

思想政治教育是一门与国际国内形势以及经济社会发展紧密关联的学科，时代发展、国家进步、理论创新都会对思想政治教育产生直接或间接的影响。中国特色社会主义进入新时代，思想政治教育发展面临很多新的时代特征。

二、中学思想政治教育具有明确的计划性和鲜明的正面性

物质环境以及精神环境构成了影响人类生存发展的两大环境。其中对人类影响最大的是精神环境，其突出表现就是精神环境对人的思想道德发展的作用最大。在现实生活中精神环境和物质环境纵横交错，交织在一起，相互叠加。环境对人的影响具有随意性，对人影响的过程往往是盲目的、无序的、随意的，如若不加以控制，很难把握环境影响的方向性，当然其影响的后果也是难以预料的。思想政治教育作为精神世界的组成部分，对人的影响却是积极的、有序的、计划的、条理的。

思想政治教育是指社会或者社会群体用一定的思想观念、政治观点、道德规范，对其成员实施有目的、有计划、有组织的影响。思想政治教育教学的本质学界存在不同的看法，一些人从为统治阶级服务的工具属性来界定思想政治教育本质，一些人从培养人的目的属性界定思想政治教育的本质。一些从双重或多重属性综合的视角界定思想政治教育的本质，还有一些人从其他学科的视觉界定思想政治教育的本质，正是因为现有的研究成果从多种维度揭示思想政治教育本质，从而使我们对思想政治教育本质的认识不断深化。

思想政治教育活动的计划性表现在以下几个方面。一是目的性，思想政治教育的目的明确，就是培养社会主义现代化建设者和接班人。二是组织性，思想政治教育由一系列的组织单元构成，这其中包括教材、思想政治工作教育者、思政部门等，通过制定完备的教育计划，努力营造良好的环境氛围，使思想政治教育过程更有成效。三是针对性，中学思想政治教育针对的是受教育者，也就是中学生，并且能够根据中学生精神世界发展的需求及其思想品德发展的实际以及心理发展特点进行教育。

与计划性密切相关的另一个特征是正面性。所谓正面性是指思想政治教育影响总是选择积极的价值内容和最有利于受教育者发展的教育方式。思想政治教育鲜明的正面性要求思想政治教育的内容选择和教育影响都应是积极的、有价值的。

对于思想政治教育研究的意义有：

一是提升思想政治教育的合法性。事物存在的合法性来源于大多数人对该事物的普遍认同。自思想政治教育学作为一门学科诞生以来，就一直面临着争取生存空间的现实问题。有相当一部分人对思想政治教育怀疑甚至持否定态度，认为思想政治教育只是统治阶级哄骗被统治阶级的手段，是对人们进行“洗脑”的得力工具。人们对思想政治教育合法性的质疑的最根本原因就是对思想政治教育的本质认识的模糊，他们只是片面地认识到了思想政治教育为统治阶级服务的属性，对思想政治教育对社会和对个人发展方面的影响知之甚少，进而导致了人们对思想政治教育的不理解，在实践过程中也表现出躲避远离、应付了事，甚至唱反调的态度，明确思想政治教育的本质，使人们对思想政治教育有全面的认识，使他们意识到思想政治教育不仅是与统治阶级而且与他们生活的社会以及他们自身都是紧密相连的，这不仅有利于提升思想政治教育的合法性，更为思想政治教育存在打下坚实基础。

二是推动思想政治教育学学科理论的科学化。正确地把握思想政治教育本质问题以后，其他的理论问题也就迎刃而解了。例如，在新形势下思想政治教育的地位怎么摆，如何认识思想政治教育的社会价值，如何确定思想政治教育的目的和任务，思想政治教育的原则、方法应作怎样的调整，思想政治教育的管理体制和队伍建设应该如何改革和建设，思想政治教育者应具备什么素质，对思想政治教育活动及其效益如何评估，等等。准确把握思想政治教育本质的前提下，有助于清晰地认识思想政治教育其他的理论问题，进而建立起科学的思想政治教育学学科体系，从根本上推动思想政治教育的发展和进步。

三、中学思想政治教育具有突出的复杂性和广泛的社会性

中学思想政治教育的本质性任务是促进中学生群体的全面发展。中学思想政治教育是组成我国思想政治教育的重要一环，是促进我国现代化建设的重要力量，是培养高素质合格人才的根本保证。与中学教育其他内容相比，思想政治教育工作的时间、空间、方法和手段是不同的，具有显著的复杂性特征。中学思想政治教育的复杂性体现在两个方面。一是中学生群体的开放性、自主性。考量到中学思想政治教育的主体的个性心理发展特点的开放性和自主性，这不得不使思想政治教育变得更为复杂。由于教育过程中必须注重个体性，同时还要注重个体的社会性，这使得中学思想政治活动必须做到“因人施教”。二是中学的整体性。中学在发展的同时还要帮助个体的成长。哲学中强调的是部分与整体的关系。所以在处理中学思想政治教育的过程中，也应该考量整体性发展。与思想政治教育同为中学部分的专业教育，在与其发展的过程中既有竞争，又互相提携，所以这使得中学思想政治工作变得异常复杂。

中学思想政治教育还体现出广泛社会性的特点。其表现在两个方面，一是在思想教育的内容上具有广泛的社会性；二是在思想政治教育的方法上的选择具有社会性。当然，在发挥社会性特点的同时，还要结合中学思想政治教育的政治性展开。

政治性与社会性是思想政治教育的两个重要属性。两者在前提、地位以及实现功能上存在着差别，思想政治教育的政治性和社会性是相互联系、有机统一的。在实践中，我们要合理地把握思想政治教育的社会性与政治性之间的关系；加强思想政治教育的政治性，防止思想政治教育的“泛社会化”；合理利用思想政治教育的社会性，提升思想政治教育的实践效果；正确结合思想政治教育的政治性和社会性的特征，实现两者在现实功能上的有效整合。

四、中学思想政治教育具有积极引导性和明显长期性

中学思想政治教育是一项育人工程，它的好坏关系到我国现代化建设质

量的好坏。中学思想政治教育工作具有明显的正面引导性。这种引导性体现在思想政治教育的内容、手段、方针等各个方面，要求对中学生的思想、政治、道德等方面的发展做到正面引导。积极的正面引导利于中学生形成道德情怀，利于构建中学生科学的世界观、人生观、价值观。

中学思想政治教育还是一项长期性和坚持性的教育活动。中学思想政治教育是在长期生活实践中逐渐形成的，是一个渐进性的过程。这种长期性一方面要求教育者坚持中学思想政治教育活动的系统性和连续性，另一方面要求受教育者坚持将教育内容本身化，并将这一活动坚持下去。

当然，在中学思想政治教育的发展完善过程中还会出现新的特点，需要我们时刻把握思想政治教育的发展动态。

第三节　中学思想政治教育过程及基本规律

一、中学思想政治教育过程的含义

（一）逻辑起点

学生成长成才需要与思想政治教育目标的一致性。思想政治教育的对象是现实的人、具体的人。对于有血有肉的个体而言，都会有成长成才、全面发展的合理诉求。而这些合理诉求正是受教育者因具有自我意识、反省认识、价值判断等能力而形成的客体“主体性”表现，贯穿于思想政治教育曲折性与前进性相统一的发展全过程。因此，是否重视、能否回应、有无关切这些合理诉求，直接关乎思想政治教育的有效开展和实际效果。学生的成长发展需求与思想政治教育的基本目标不是相互脱离的“两层皮”，二者具有内在的一致性。党的十八大以来，习近平总书记多次就加强中学思想政治教育、促进青年成长成才发表重要讲话、作出重要指示，深刻回答了“培养什么人、怎样培养人、为谁培养人”的重大理论和现实问题。他在全国中学思想政治工作会议上指出，思想政治工作从根本上说是做人的工作，必须围绕学生、关照学生、服务学生，不断提高学生思想水平、政治觉悟、道德品质、文化素养，让学生成为德才兼备、全面发展的人才。同时，他强调，要教育引导学生正确认识世界和中国发展大势，正确认识中国特色和国际比较，正确认识时代责任和历史使命，正确认识远大抱负和脚踏实地。这“四个正确认识”是青年学生健康成长成才的需求，也是当前思想政治教育的重要目标。正确理解二者的一致性，是我们当前及今后开展思想政治教育的重要前提和逻辑起点。

其中，正确认识世界和中国的发展大势，就是要深刻了解为什么“没有共产党就没有新中国”？为什么要坚持走中国特色社会主义道路而不是别的什么主义道路？“世界局势变动不居，大势在哪？国际关系错综复杂，其宗何在？中国和世界如何各美其美又相融相通？”正确认识中国特色和国际比较，就是要理性辨析为什么“中国特色社会主义最本质的特征是中国共产党领导，中国特色社会主义制度的最大优势是中国共产党领导”？为什么要强调坚持党的领导、人民当家做主、依法治国的有机统一？如何正确看待中国综合国力、国际地位在世界产生的影响，正确看待我国仍处于并将长期处于社会主义初级阶段的基本国情没有变、我国是世界上最大的发展中国家的国际地位没有变？等等。正确认识时代责任和历史使命，就是要坚定理想信念，投身于全面建成小康社会、实现第一个百年奋斗目标中，投身于全面建成社会主义现代化强国、实现中华民族伟大复兴的中国梦中。正确认识远大抱负和脚踏实地，就是要在实践中不断提升自身的认识能力和工作能力，勤于学习、刻苦钻研、敏于求知，关心党和国家发展、关心人民群众生活，扎扎实实干事，踏踏实实做人，不因善小而不为，一步一个脚印往前行。

（二）动力之源

青年学生成长成才需求与思想政治教育发展不平衡不充分之间的矛盾。党的十九大报告指出：“我国社会主要矛盾已经转化为人民日益增长的美好生活需要和不平衡不充分的发展之间的矛盾”，这一重要论断是建立在以往对社会主要矛盾认识的基础上，综合我国改革发展各领域现状，而对社会主要矛盾发生转化作出的整体性研判，其中也当然包含着思想政治教育领域内存在的发展不平衡不充分的矛盾问题。改革开放以来，思想政治教育发展取得了丰硕成果，例如育人主体多元，育人场域多样，育人方式多变，等等。但同时，由于供给结构发生了新的变化，中学育人系统的构建出现了很多协同发展不够、发展不平衡不充分的问题，主要体现在三个“协同发展不够”上。一是专职思想政治教育队伍内部协同发展不够。中学思想政治理论课教师、辅导员、学生工作中的专职思想政治教育工作者等都是思想政治教育专职人员，但思想政治理论课教师注重理论研究和课堂教学，辅导员和学生工作专职工作者更关注学生教育与管理的实务工作，这就容易出现理论研究、课堂教学、实践开展相互分离的情况。二是专职队伍和兼职队伍协同发展不够。兼职队伍大多来自教学和学生工作的一线工作者，与学生的联系更为紧密，影响力更为显著，但同时他们较专职队伍而言，又受到专业素养的限制，在思想政治教育的开展过程中难免存在专业性不强等问题。三是家庭、学校、社会间的协同发展也不够。学生成长成才是家庭、学校、社会共同的责任，家庭教育、学校教育、社会教育形成合力，才能共同促进学生成长成才和全面发展，但由于家庭、学校、社会各自的侧重点不同，三者间无缝衔接、相互融入、共同作用的格局尚未真正形成，以致三者之间存在教育不平衡不充分不协调等问题。所有这些协同发展不够、发展不平衡不充分的问题，本质上都反映出一种需求和供给之间的矛盾，成为推动思想政治教育创新发展的动力之源。

（三）发展路径

关照需求，持续完善思想政治教育制度设计、机制运行和质量评价。思想政治教育要解决一些长期存在、想解决而没有解决或没有解决彻底的问题，就需要坚持立德树人根本任务，以提高人才培养能力为核心，在科学理解学生成长发展需求的基础上，持续完善思想政治教育的制度设计、机制运行和质量评价，以系统化思维，聚力构建出体现中国特色社会主义中学本质要求、具备新时代特征和积极价值导向的思想政治教育创新发展的“施工图”。

首先，目标设计要关照学生成长发展需求。思想政治教育制度设计具有一定的目标指向，因此它不仅仅是一个事实判断，同时也是一个价值判断。目标设计不能仅仅从教育主体的视角考虑，而要把学生的成长发展需求放在更加重要的位置，满足学生成长发展需求和期待，从而提升受教育者在工作机制运行中的内在驱动力。其次，运行方式要关照学生成长发展需求。在思想政治教育机制运行过程中存在多个要素，例如话语体系、组织形式、管理方式和宣传途径等，都要真正符合青年学生的成长特点，遵循思想政治工作规律和教书育人规律，通过实现思想政治理论课与日常思想政治教育协同育人，全方位、系统性关照和满足学生成长发展个性化需求。最后，评价标准和方式要关照学生成长发展需求。不仅要将是否促进了学生的成长成才、全面发展纳入到思想政治教育评价体系，而且要将其放在更加重要的位置。同时，还要将思想政治素质等价值元素纳入一般性教育评价、人才核心素养等评价体系之中，自觉做到同向同行、双向融合。要树立一种新的评价理念，明晰思想政治教育评价的根本遵循原则，坚持实践指向、导向明确、关照整体、设计科学的原则，建构一套系统的、科学的、可操作的、长效的、分层分类的质量评价体系。

二、中学思想政治教育过程的构成要素

思想政治教育过程理论是思想政治教育学理论体系的重要组成部分，而思想政治教育过程的构成要素则是研究思想政治教育过程不可回避的一个重要问题。自思想政治教育学原理诞生以来，理论界一直都在对这一问题进行探讨并取得了可喜的成绩。但是，直至今天，学界对思想政治教育过程构成要素的认识还存在分歧，在对某些要素能否成为思想政治教育过程构成要素的分歧还较大。

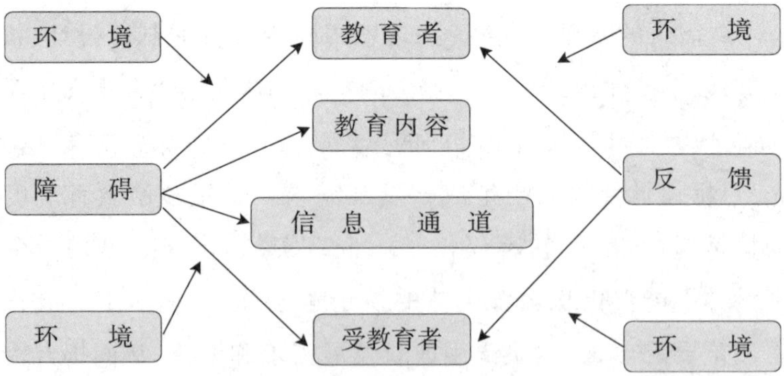

图 2-1　中学思想政治教育过程的构成要素及其关系

思想政治教育过程的构成要素归纳起来主要有以下几种。

一种认为是“教育者、受教育者和社会要求的思想政治品德规范”。一种认为是“一是思想政治教育工作者及其教育活动；二是教育对象及其接受、内化、外化教育信息活动；三是教育者与教育对象之间的中介物即教育手段，包括教育内容、途径、方法等”。还有一种观点认为“构成思想政治教育过程的要素主要有四个，即教育者（主体）、受教育者（客体）、思想政治教育的内容和方法（介体）、社会环境及其所提供的教育支撑条件（环体）”。

综上观点，我们采取最后一种观点进行论述。

教育主体，是指在思想政治教育过程中有目的地对受教育者施加教育影响的个人或群体。既可以是各种组织团体即团体代表，像家庭、学校、机关、企业、社团、群团各级组织、共产党各级组织等，又可以为各类的教育工作者即个人，像教师、专家、学者、英模、老党员、老军人、老干部、老工人等。

教育客体，是指在思想教育过程中有目的地被教育者施加教育影响的对象。这里指中学学生。中学生学习的过程就是受教育的过程，在这一过程中，中学生有对教育影响的理解性、判断性和自主选择性。

教育介体，包括教育内容和教育方法等，是指在思想政治教育过程中，教育者用来影响受教育者形成一定社会所要求的思想品德规范以及教育活动的各种方式和手段。

教育环体，是指对人的思想即思想政治教育有推动或阻碍作用的环境。环境对思想政治教育的影响是自发的、潜移默化的。其中既有积极正面的影响，也有消极负面的影响，优良的环境会促进思想政治教育过程的顺利进行，而恶、劣、衰、败、差的环境会阻碍思想政治教育过程的前进，影响或推迟思想政治教育目标的最终实现。因此，在思想政治教育过程中，要努力营造优良的社会及自然环境，为思想政治教育目标的实现提供环境支持。

三、中学思想政治教育过程的基本规律

中学思想政治教育过程的基本规律就是指中学在进行思想政治教育的过程中各要素之间的固有的、本质的、稳定的、必然的联系。中学思想政治教

育的规律所揭示的就是各要素之间矛盾运行及其发展的必然轨迹。它可具体表述为:教育者的教育活动一定要适合受教育者的思想品德状况的规律。简称为“适应超越规律”。它包括两个方面的内容:一方面,中学思想政治教育的层次性要求要根据教育主体的个性心理发展特点和思想道德状况来决定,不同的教育主体应该采取“因人而异”的教育方式;另一方面,中学思想政治教育工作者与教育主体之间存在互动关系。

具体地理解中学思想政治教育规律,至少应该包含以下几点:

一是思想政治教育的对象具有广泛性的特点,中学生思想政治教育规律只存在于对中学生这一特殊群体进行思想政治教育过程中。这主要说的就是思想政治教育对象的“唯一性”。所谓思想政治的唯一性指的就是思想政治教育客体的唯一,这是针对思想政治教育的广泛性而言。中学思想政治教育的特点决定了中学思想政治教育必须是“多对一”的关系,即教育内容、教育方法、教育者服务的对象只能是中学中学生群体。超出这一群体,或者超出这一群体的思想道德发展水平的教育都违背了教育的唯一性。

二是内化外化规律。即内化与外化辩证统一规律。内化就是教育者帮助和引导受教育者将一定社会的思想品德要求转化为自己的思想品德认识的过程。外化就是教育者帮助和引导受教育者将自己已经形成的思想品德认识转化为自己的思想品德行为,并养成良好的思想品德行为习惯的过程。从思想政治教育发展的阶段来看,思想政治教育过程实际是教育者有目的、有计划、有组织地帮助和引导受教育者实现内化和外化的统一,使受教育者形成一定社会所期望的思想品德的过程。

在思想政治教育过程中,内化和外化是辩证统一的。一方面,两者相互联系。内化是外化的前提和基础,没有内化,也就没有外化;外化是内化的目的和归宿,没有外化,内化也就失去了存在的意义。另一方面,两者相互渗透。内化中有外化,认识离不开实践,受教育者新的思想品德认识、品德情感、品德信念和品德意志形成和巩固的过程,也就是受教育者践行新的思想品德规范的过程;外化中也有内化,行为实践受认识、情感的指导和支配,受教育者的思想品德行为表现是其思想品德认识、情感、信念和意志综合作用的结果。

三是协调控制规律。即协调自觉影响与控制自发影响辩证统一的规律。思想政治教育过程是一个立体的,开放的过程,这是由它的社会性决定的。在思想政治教育过程中,受教育者不仅受到教育主体的各种自觉影响,而且同时受到教育环境的各种自发影响。因此,思想政治教育过程是协调各种自觉影响和自发影响交互作用的过程。

四是双向互动规律。即教育者的主导作用与受教育者的主体作用辩证统一的规律。思想政治教育过程是教育者和受教育者相互影响,相互作用的双向活动过程。一方面,教育者是一定社会的思想品德要求的表达者,是思想政治教育过程的组织者,也是受教育者自我教育积极性的激发者,因而在思想政治教育过程中发挥着主导作用。另一方面,受教育者在教育过程中也不是被动地接受教育影响,而是发挥着主体作用。受教育者是能动地践行思想品德规范并影响教育者及其教育活动的主体,又是自我教育的主体。

在思想政治教育过程中,教育者的主导作用和受教育者的主体作用是辩证统一的。一方面,教育者的主导作用的实现,离不开受教育者的主体作用的发挥。没有受教育者的主体作用,教育者所传导的教育要求就不可能为受教育者所真正认识和接受,教育目标就难以实现。另一方面,受教育者的主体作用的体现,也离不开教育者的主导作用的发挥。没有教育者的主导作用,没有教育者对受教育者思想品德的激发和引导,受教育者的主体作用就不可能得到充分地体现,就无所谓思想政治教育过程。可见,在思想政治教育过程中,教育者的主导作用和受教育者的能动作用相辅相成,相得益彰。

中学思想政治过程是一个完整的整体,一个完整的思想政治教育过程包括内化与外化两个环节。在思想政治教育过程中,内化和外化是辩证统一的。内化是前提,外化是目的,内化是外化的基础,外化是内化的归宿,没有外化内化就会失去意义,没有内化,外化显得“捉襟见肘”。外化存在于内化中,教育客体思想政治素养的形成来源于自身的外化来的社会实践;内化中也有外化,教育客体进行实践的依据就是来源于内化的思想政治素养。

五是注重部分与整体关系,整合各种因素形成合力,发挥系统作用的规律。中学思想政治教育过程是一个整体，这个整体是由教育主体、教育客体、教育环体、教育介体等部分构成。这些部分之间相互协作，和谐相处，才有利于思想政治教育过程的整体发挥。在思想政治教育的过程中应该积极发挥各方面的合力，调节各方面活动的积极性进行开展。《中共中央国务院关于进一步加强和改进中学生思想政治教育的意见》提出了“思想政治教育首位、合力育德的‘大德育’整体观念，思想政治教育的整体观是思想政治教育的‘主导’观念”。这就要求我们应该发挥各方面诸多因素，积极进行思想政治教育的整体性构建。

中学思想政治教育过程规律与思想政治教育过程规律的差别表现在：中学思想政治教育过程规律与思想政治教育过程规律的教育、研究对象不同；思想政治教育过程规律的研究对象涉及范围较广，包括社会生活中的诸多群体，诸多阶层；而中学思想政治教育过程规律涉及对象具有针对性，只针对中学生群体而言。所以，中学思想教育政治过程规律包含于思想政治教育活动过程中，两者是特殊与一般的关系。

中学思想政治教育过程规律与思想政治教育工作规律的差别表现在：思想政治教育工作规律是从教育主体的角度出发，站在教育主体角色上通过整合各种思想政治教育的资源，来有针对性地开展思想政治教育活动。而中学思想政治教育过程规律则并非从教育主体一个角度出发，而是多角度出发，进行规律总结。

四、中学思想政治教育的价值

中学思想政治教育的价值是指中学思想政治教育传播和发散的教育内容的作用和意义。它是由中学思想政治教育在整个教育体系中的地位及其在两个文明建设中所起的作用决定的，其价值主要体现在对具有创新精神和实践能力的高素质人才的培养和对社会主义物质文明和精神文明的协调。

中学思想政治教育价值是指中学思想政治教育的属性、功能对中学生的需要满足的效用。思想政治教育的价值形态结构是相对应存在的，主要有理想价值和现实价值、正面价值和负面价值、直接价值和间接价值、绝对价值和相对价值、个体价值和社会价值及目的价值和工具价值。另外,思想政治教育还有广泛的社会价值即政治价值、经济价值、文化价值和管理价值。在此主要研究中学思想政治教育的社会价值。

(一)政治价值

政治价值在中学思想政治教育社会价值中居于首要地位,要从整体上认识和把握思想政治教育的政治价值,主要应从以下三个方面去研究和理解:其一是净化社会风气,弘扬主旋律。中学生作为社会中的精英阶层,通过适当的政治教育可以净化大众精神生活,实现为社会经济基础和政治制度服务。其二,为推动政治发展提供思想基础、精神动力和方向引导。政治价值的实现有利于保障我国政治发展的马克思主义方向。其三,是实现社会和谐稳定的价值,对于化解社会矛盾,维护民生和社会稳定,促进社会和谐起着十分重大的作用。

(二)经济价值

经济价值即促进经济发展,满足人们物质生活需要的价值。具体来讲,中学思想政治教育的经济价值体现在三个方面:一是中学思想政治教育为经济发展提供智力支持,中学思想政治教育通过激发和调动中学生参与社会生活的积极性,促进经济的发展和社会的进步。二是中学思想政治教育一定程度上保障了经济发展的方向,中学思想政治教育反对种种"私有化"的倾向,它能够使我国市场经济与社会主义基本经济制度、政治制度相结合。三是中学思想政治教育营造了经济发展的有利环境,中学思想政治教育过程中,通过法制教育、道德教育可以塑造中学生良好的参与经济的道德基础和法制基础,这样利于经济快速、和谐、健康发展。

(三)文化价值

文化是中国的软实力,中学思想政治教育的文化价值具体体现在两个方面:一是具有文化选择功能。通过中学思想政治教育,培养了中学生对不同文化的甄选和判断能力,对于优秀、积极向上的文化,中学生群体能够吸收并积极发扬,营造出良好的文化氛围。二是具有文化创造、再生功能。中学思想政治教育总是渗透到社会生活的方方面面,因此中学生与文化进行发酵后，能够创造出正能量的文化因素。通过传播主导的政治文化，尤其对亚文化进行主导文化的渗透，使其沿着正确的方向发展。创造出优秀文化，培养出具有个性特征的个人。

（四）管理价值

管理主要分为硬管理和软管理两个方面，硬管理是指依靠法律、规章和制度等强制性手段进行管理；而软管理也称柔性管理，是指用文化教育进行熏陶。思想政治教育的管理价值主要体现在两个方面：一是有利于降低管理成本，切实提高管理的效率。二是在管理过程中培养了未来政治的管理者。中学思想政治教育过程中通过中学生的自我管理，锻炼了一批有能力、讲素质的实干管理人才，他们进入社会后，能够更加娴熟地运用各种管理手段，参与社会管理。

思想政治教育这四个方面的社会价值体现了思想政治教育最本质的价值，它们之间相互作用才能更好地发挥出思想政治教育的价值，满足人们对思想政治教育的期望和需求。

第三章　中学思想政治文化培育前沿问题研究

本章主要有两个观点需要阐述:思想政治教育的文化价值的研究和思想政治校园文化的构建探索。

第一节　中学思想政治教育的文化价值研究

中学生思想教育政治的文化价值研究主要有文化育人的内涵、文化价值的研究等两方面的研究内容。

一、思想政治教育文化育人的内涵

(一)何为思想政治教育的文化育人

文化属性是思想政治教育的重要性质,思想政治教育经过长期的发展,积淀和创造了深厚的文化底蕴。思想政治教育是作用于人的过程,这个过程就是不断促使人向"文化育人"转变的过程。也是在这个过程中,思想政治教育形成了自身特有的文化,这是对思想政治教育本质进一步的深刻揭示。思想政治教育的文化本质体现了它所创造的促进社会文化建设、发展和创新方面的效应,它肩负着文化教育的目标。思想政治教育也是在积淀深厚的文化底蕴的基础上对文化的传承和创新,这种文化底蕴造就了与之相应的文化研究、文化融合等功能。具体来说:

首先,以文化育人是一直以来思想政治教育坚持"以人为本"的必然结果。思想政治教育作为教育的一种方式,其本来目的就是在于对人理性的开发和健康人格的养成。所以,教育的设计不能背离人这个根本,它要培养的应该是有感情、有思想、高素质、创新型、全面发展的复合型人才。而文化作为对人持久有效的精神驱动与思想引领,可以不断促进和完善人的思想精神境界,它也是坚持思想政治教育"以人为本"的基本路径。其次,文化为思想政治教育提供了充足的特殊资源。因为文化资源具有可以转化为思想政治教育资源的特性,文化资源在思想政治教育的过程中把思想、信念、价值观等隐性文化作为自己所宣传的精神对象并将其转化为精神动力。这种转化通过强调育人与文化的关系和作用,彰显自己存在的价值。还在于思想政治教育文化育人是社会经济生活持久进行的基本途径:现实生活中的许多现象都在证实文化能够给社会经济带来价值:同时,思想政治教育文化育人能够将文化与精神转化为统一向上的社会心理和科学信仰,从而引导人们挖掘文化本身。通过思想政治教育文化育人来引导人们对生活的追寻,关注人们的主体性意义。最后,文化价值引导构成了思想政治教育的人本基础。思想政治教育着眼开发人的潜力、促进人的发展、提升人的境界、扩大人的生命内涵,它以人为对象,坚持把对人的价值导向和理想追求放到至上的地位,以人的发展为基本目标。要对社会问题保持高度的敏锐性,要使培养的人才形成正确的世界观、人生观、价值观,要使他们在具体的研究中遵循科学的价值引导,形成推动事业进步、人生发展的价值导向与文化基础。思想政治教育必须有一种着眼于未来的境界,要明白文化育人体现着对人类最高境界的价值追求,体现着人对于超越功利的人生价值的诉求,坚持文化育人才是对人的终极关怀。

(二)学校校园文化及其与思想政治教育的关系

1. 校园文化的基本解读

目前,无论是教育界还是理论研究为主的学术界,对什么是校园文化并没有一个统一的定义。但是各界都在试图能够准确地去分析校园文化,比如有人认为校园文化是一定的物质环境和文化活动,目的和取向都是具体可见的实物或活动方式。有人则认为校园文化是以身在校园中的学生为主体,以校园精神为特征,以校园的存在空间为主要空间的群体性文化。还有人认为校园文化是校园建筑环境设施、校园景观等这些物化形态的内容,以及组织机构、规章制度等的建设和影响。综合来说就是认为“校园文化是以学生为主体,以校园为主要空间,并涵盖院校领导、教职工,以育人为主要导向,以精神文化、环境文化、行为文化和制度文化建设等为主要内容,以校园精神文明为主要特征的一种群体文化”。校园文化是学校才能够具有的独特的、特定的文化氛围和精神环境。它包括以学生为代表的文化观念、思维特征、行为特征和行为方式。包括学校的传统、校风和学风以及集体关系舆论、心理氛围等各种制度性的、文明的行为规范准则和一切以群体形式出现的文化活动。这其中最能体现校园文化本质的是校园风气或校园精神。

实际上,这里的校园文化已经不再简单的是一个区域性的概念。校园的本质表现为一种具有人文环境的文化氛围,在这种氛围中,包括校园物质文化的设施和制度文化的制度等在内的文化体系,被广泛认同为校园精神、价值取向及理想追求等方面的集中反映。校园文化是自发的,也是自觉的,充满着现代意识,无时不在受着时代文化潮流的影响。在今天的中学教育中,校园文化发挥着重要的作用,以特色的人际关系、生活方式,以及其他文化为校园文化的主要特征充盈着中学校园的各方面建设,促进着师生、员工科学文化素质和思想道德素质的不断提升。在当今,校园文化是常新的,是能够保持永恒魅力的。比如,随着网络环境和信息技术的发展,应运而生的各种网络文化,校园文化也需要依据其丰富校园网络文化的内涵建设。

2. 校园文化与思想政治教育的关系

纵观教育学者的相关研究理论,对校园文化与思想政治教育的关系的论述不可谓不多,在这些论述中可以总结出,校园文化建设与学校思想政治教育客观存在于整个中学教育过程中。学校校园文化与思想政治教育的关系是相互联系、相互区别、相互影响、相互促进和相互强化的。它们相对独立,校园文化是学校思想政治教育的重要载体和实践环节及有效途径。学校校园文化充实了学校思想政治教育的空间,拓展了它的方法和手段。国务院《关于进一步加强和改进中学生思想政治教育的意见》明确指出:“校园文化具有重要的育人功能，要建设体现社会主义特点、时代特征和学校特色的校园文化，形成优良的校风、教风和学风。”具体来说，思想政治教育与学校校园文化的关系可以概括为这样几点：

第一，学校思想政治教育的最为有效的载体就是校园文化建设。通过校园文化的建设与人文环境的熏陶渗透，形成共同的观念追求、价值标准、行为规范，从而为思想政治工作更好地实现对人的引导和教育提供良好的基础，进而有效地实现中学教育的德育目标。此外校园文化以校园为空间的多方面、多类型的课堂内外的教学文化活动，充分发挥了个人的主动性、独立性和创造性。中学生充分展示个性才能，充分享受自我表现，自治、自觉地独立思考。校园文化的这一特点，为丰富学校思想政治教育的内容提供了载体。

第二，由于学校校园文化容易受到社会大文化的冲击，所以必须对其加以正确的引导，避免思想政治教育片面畸形的发展，借此防止中学生的理想、信念、观念的失落以及思想政治教育轨道的偏离。

第三，校园文化建设的方向受到思想政治教育的牵引。有进步意义的校园文化构成社会主义社会文化的一个重要部分。校园文化的建设以人为主体，它尊重人的价值和人的主体精神。而思想政治工作也以人为中心，以武装人、启迪人、升华人，提高人的觉悟为目的。因此，在这个方面，思想政治教育工作能提升校园文化的品位和格调，以实现培养德、智、体、美、劳等全面发展的社会主义优秀建设者和可靠接班人，所以说合格人才的标准主导着校园文化建设的方向。

第四，从教育主体、内容、方法、内在机制、创新型人才培养、发展规律等方面来看，学校校园文化和思想政治教育又有着明显区别。其中，在主体方面，校园文化的主体是创造和享受着文化成果的全体学校人员，而思想政治教育主体是教育者，中学生是作为教育客体存在的。在方式方法上，校园文化多以显性教育出现，而思想政治教育多采用隐性教育方式。在内容上，校园文化涵盖德、智、体、美、劳各方面的塑造，而思想政治教育的侧重点则是思想、政治、道德和心理教育。

二、思想政治教育的文化价值

按照不同的标准，思想政治教育的文化价值也划分为多种不同的种类。比如可以从道德文化、政治文化、经济文化等不同的文化构成不同的价值内容。这是因为形成人正确科学的思想政治素质就是思想政治教育固有的主要目标。思想政治教育在促进人的思想政治素质发展的同时，也促进人的科学文化素质的发展。所以，关注思想政治教育的文化价值就是关注教育发展人的本身。本节从下面几个方面来认识思想政治教育的文化价值。

（一）传承优秀文化

教育是一种文化活动，思想政治教育是运用一定的思想观念、道德规范所进行的社会实践活动。这种思想观念、道德规范就是一种特殊形式的政治、伦理文化。思想政治教育的过程就是这类优秀文化得以传承的过程。这种文化传承活动是文化向外不断传递、不停扩散而超出其产生地域的一种流动现象，是把人类世世代代创造的文化安置在个人心灵之中，使其成为人类文化在每个时代人们心中的存在形式。一般而言，正是这种在思想政治教育过程中所实现的文化特质或者文化元素不断转移，人类所创造的灿烂文化才得以流传至今。思想政治教育对优秀文化的传承，是使优秀文化与人的观念、智慧、意志、情感建立起联系，使文化激发出参与社会生产和社会生活的力量，使创造和学习文化成为人们的生存方式，使社会规范成为人们维持良好生活秩序的准则的方式。思想政治教育传承的文化不仅包括科学文化等各种知识形态的文化，也包括诸如马克思主义世界观、人生观以及集体主义价值观等意识形态的文化。不但传承各种理性形态的文化，而且还传递诸如爱国主义的情感、认真负责的态度等各种非理性形态的文化。不但传承各种意识层面的文化，而且传承诸如健康的文化心态与社会风尚的潜意识层面的文化。可见，思想政治教育对优秀文化的传承是在对各种形态的文化进行合理过滤的基础上的理性传承，是一种社会文化的积淀，是对社会文化世代连续性过程同化基础上的文化迁移。

（二）整合纠偏多元文化

思想政治教育整合多元文化是对选择、过滤性的文化进行整理，使不同的文化相互吸收、融化、调和而趋于一体化的过程。任何社会都存在多种类型的文化，在这种多元文化背景下即使社会主义社会也不例外。当然，社会主义社会的文化与社会主义文化的概念还是有所区别的，简单说就是社会主义社会文化是一个更大的概念，它包含社会主义文化的概念。社会主义文化是以马克思主义为指导的，是当代中国社会的主流文化。社会主义社会的文化则包含主流文化与非主流文化。这就决定了主流文化必然要与非主流文化进行斗争，以保留和巩固其主导地位。所以，思想政治教育文化的整合纠偏功能就有了存在的价值。思想政治教育文化能够有效防止社会主义社会文化体内产生背离主流文化发展方向的文化因子的产生，从而防止文化失调现象的出现，如果任非主流文化发展，可能会减弱和损害社会的稳定以及社会功能的发挥，这同时对文化的健康发展与协调也是不利的。

随着当前开放程度的逐步深入，各种文化形态的大量涌现，发挥思想政治教育文化整合纠偏的价值显得较为迫切。当然，这种整合纠偏也并不是意味着主流文化一味地排斥其他文明的优秀理论成果，社会主义社会的主流文化也要批判地吸收一切文明优秀的理论成果，兼容其他合理科学的文化成分。当前，作为社会文化有机组成部分的学校思想政治教育文化，在发展社会主义市场经济与扩大对外开放的新形势下，同样受到来自不同文化的影响与冲击。特别是互联网信息技术的出现与迅猛发展更是加剧了这种情形。因此，现在急需要发挥思想政治教育文化的整合纠偏功能，以扬弃为原则吸收各种文化中的合理成分，有益补充主流文化，以及调节文化中的冲突，促进主流文化和思想政治教育自身在学校的发展。

（三）创造先进文化

思想政治教育作为一种特殊的教育活动，能促使文化改变其内容和结构，使之不断发展，不断超越自身，从而产生先进文化。从这个意义上来说，思想政治教育是具有创造先进文化的价值的。思想政治教育之所以对文化具有举足轻重的作用，之所以对文化具有创新价值，原因在于：第一，这是由文化自身的结构特点所客观决定的。文化有三个层面,物质、制度和精神,在这几个层面中,发端于物质文化、制度文化引起的精神文化的嬗变,才能引起文化体系全局性、整体性、结构性的变化。所以,用马克思主义科学的世界观和价值观对思想政治教育的受教育者的精神世界进行文化整合,才是应取之道。第二,是由人的文化主体性决定的。人是文化的承受者和创造者,是文化的主体。思想政治教育培养具有先进价值观与开拓创新品格的人。通过思想政治教育,受教育者能够按照自己的主体意志创造、选择、规范和解释教育中提供的认知图式,从而使其成为符合时代的文化要求。第三,由文化创造的过程决定的。各种文化互动是文化创造的重要动因,通过思想政治教育,人们在与不同价值取向和多种文化频繁接触的过程中,对不同价值规范体系的文化产生适应性,从而有利于各种不同文化在互动中进行创新。

当然,思想政治教育的文化价值具有双向性,在思想政治教育过程中可以发挥思想政治的独特文化价值,而文化也是思想政治教育价值实现的重要因素。因此既要充分挖掘思想政治教育的文化价值潜力,在思想政治教育的过程中实现文化价值,又要为思想政治教育提供更多更丰富的教育信息资源,加强各种形态的社会主义文化建设,进而推动文化价值在思想政治教育中的实现。

第二节　中学思想政治教育校园文化的构建探索

一、校园文化建设规划

校园是学校精神、学术和文化的载体,是培养高素质人才的重要基地。校园文化建设是学校的基础建设之一,是学校精神文明建设的有机组成部分,是教育和引导青年学生健康成长、全面成才的重要途径。随着我国教育改革的不断深入和素质教育的全面推进,学校校园文化已经成为社会主义先进文化的重要组成部分。一所中学的校园文化体现了该学校中学生独特的思想观念、思维方式和价值取向,也决定着中学的现在和未来的发展方向。

加强学校校园文化的建设，对于建设社会主义核心价值体系、巩固中国特色社会主义理论在学校意识形态领域的指导地位、进一步加强和改进中学生思想政治教育，具有十分特别的意义。结合地方实际的社会现状，以加强校园文化建设的方式加强对中学生的培养塑造，已形成了从引导学生参与社会实践入手，以塑造一个社会需求的好人作为基础，以培养社会主义事业优秀的建设者和可靠合格的接班人为目标的校园文化育人模式，在校园文化建设中找到了解决“培养什么人”“如何培养人”重要任务的切入点和着力点，解决了难点、抓出了实效。

（一）文化建设的指导思想

校园文化建设以社会主义核心价值观体系为根本的指导思想。坚持科学发展观，坚持“以人为本”，遵循文化发展规律，以文化育人为主题，以提高育人的质量为根本目标；以中学精神文化建设为主要核心，以制度文化建设为主要载体；秉承“厚德载物，经世致用”的校训，弘扬主旋律，突出高品位，注重实践创新，努力建设体现历史内涵、时代风格和学校特色的校园文化，不断满足师生日益增长的精神文化需求，为学生的发展、教师的发展和学校的发展创设优良的人文环境，从而形成能够充分展示学校个性魅力和办学特色的校园文化，为培养社会主义合格建设者和可靠接班人提供强大的精神动力，为学校事业的可持续发展提供坚强的思想保障，为广大师生构建美好精神家园。

（二）文化建设总体目标

校园文化建设服从、服务于学校“建设应用型中学，培养应用型人才”的总体战略，突出自己的特色，争创一流的质量。通过开展丰富的校园文化建设，进一步凝练了学校的精神，突出了办学的理念，形成了优良的学术氛围，也打造了浓厚优美的校园文化生活环境。特别是要加强对学校精神文化的培育，按“大师、大楼、大爱、大气”的要求，充分发挥师生的教与学的主体作用，充分吸收现代中学先进的办学经验，充分吸收各民族传统文化精髓。把弘扬和培育校园精神与弘扬中华民族精神结合起来，增强科技文化含量，强化道德养成功能，打造品牌文化，以文化的渗透力陶冶情操，增强自信，凝聚人心，鼓舞斗志，展现形象。

（三）校园文化建设的保障措施

1. 学校党委是校园文化建设的组织者与推动者

要充分发挥党委的政治核心、决策核心的作用，科学决策，正确把握学校文化建设的方向，促进办学理念的发展，确保文化选择的先进性，确保文化建设以学校精神的内涵展开，围绕培养人教育人的中心任务，推进学校制度的创新，建立现代校园文化的健康前进路线。在建设工作中要体现人文关怀，"以人为本"，营造和谐的校园人文氛围。在校园文化建设工作中要注意调动所有人员参与的积极性，积极解决出现的问题，保障师生的权益。

2. 成立校园文化建设指导委员会

总体宏观上负责校园文化建设的统筹、督促和落实。党委、校长办公室、党委组织部、党委宣传统战部、人事处、教务处、科技处、学工部（处）、财务处、后勤服务总公司、工会、团委等部门及各院（系）在建设工作中要同心协力，做好自己部门的本职工作。各相关部门要根据校园文化建设规划制定年度实施方案，经校园文化建设指导委员会审议通过后实施。校园文化建设办公室设在党委宣传部。

3. 从政策上激励所有参与校园文化建设工作人员的积极性

特别是党员干部要起表率作用。以制度的方式表彰奖励校园文化建设的先进部门和个人。要把这些人在工作中的表现情况纳入检查考核工作业绩的重要内容。

4. 从经费上支持校园文化建设

学校要从经费预算中给予校园文化建设必要适当的支持，学校在有关政策上要为校园文化建设项目的筹资提供帮助。

二、校园文化建设的现状

（一）取得的成绩

1. 着力加强校园物质文化建设

把校园建成师生"成长的乐园、进步的学园、温馨的家园"，无论是学校的建筑规划、布局、内设配置都着力体现“文化”氛围。目前有文体场馆十余处，包括阳光讲坛、中学生俱乐部、报告厅、展览厅、体育场、乒乓球馆、教职工活动室、中学生活动中心、音乐厅。这些场馆利用率很高，室内场馆每天按时开放，并有专人负责维护。图书馆免费向市民开放，馆藏有 70 余万册 22 大类图书供读者借阅，实现了文化信息资源与市民共享。学校还建有具备多媒体演示功能的教学大楼、仪器设备先进的实验大楼、与互联网相连接的数字化宽带校园网络等多项科研设施，建有环境优良、服务和保障功能完备的学生公寓、餐饮中心、购物超市、洗浴中心、运动场馆等多项生活、休闲设施。除此之外，学校增设了人工湖、文化石、校园警示语、宣传橱窗等人文景观。

2. 着力加强校园文化精神的建设

一是在文化理念建设方面，学校结合办学实际，以视觉识别形象系统为载体，开展了校歌、校标、校徽、校训、规范用语等形象设计方案的征集和评比活动，增强了全校师生的凝聚力和向心力。确立了“厚德载物，经世致用”的校训，强调修身立德、学以致用。二是以制度建设为载体，形成学校制度文化。制定了《举办形势报告会和哲学社会科学报告会、研讨会、讲座管理办法》等涉及党政决策、运行管理、监督保障各种管理制度 112 项。三是在行为文化方面，学校确立了“双师型”育人目标，在教师管理中着重加强师德师风建设，全面贯彻落实《师德建设实施意见》，通过举办经验交流会、师德论坛，青年教师从教礼仪培训班等活动，引导广大教师重视自身的师表形象，以“教师无小节，处处是楷模”为标准规范从教行为。四是通过设立班主任、开展导师进宿舍活动、发挥机关工委“五老”作用，对学生进行思想政治教育、社团活动指导、校风校纪宣传引导等，实现全员育人，全方位育人。在学生管理方面，为开阔学生视野，丰富学生课余的文化生活内容，加强理想信念的教育和爱国主义的教育，在全校范围内开展书香校园活动，让“多读书，读好书，我读书，我快乐”的理念深深扎根在全校师生心中。

此外，不断聘请省内外知名专家学者、企业的高级管理人员及校内教师作学术报告；每年一届的校园科技文化艺术节和体育节、“春之韵活动月”都是传统的校园文化活动，活动内容涵盖学术讲座、文化艺术表演、专业技能比赛、各种知识及礼仪培训以及小制作等。每逢节庆日、纪念日，学校都围绕中心和主旋律，纷纷利用有利时机举行各种庆典、纪念活动，加强对师生的主旋律教育，培养了师生的文化素养，增强了校园的浓厚文化氛围，也提高了中学的文化品位。

3. 加强对校园文化建设的管理和投入

把校园文化建设纳入规范化、制度化轨道，是促进学校教学、管理、育人水平协调发展的关键，我们始终把校园文化建设作为一项重要的工作来抓，作为创建特色学校和提高师生素质的重要方式来抓。近年来，学校不断加大资金投入，完成了教学楼的扩建、餐厅和学生公寓的新建及校园绿化等一系列基础设施建设，学校还增设了人工湖、文化石、校园警示语、宣传橱窗、校史馆等人文景观。

（二）存在问题与不足

概括性地来说，一是在规划的前瞻性上还存在较大差距，特别是在提高土地利用率方面还存在缺憾。二是在总体协调上，特别是在时间较为紧迫时，存在重施工、轻方案现象。三是部分教学、生活设施短缺、简陋，影响了教学质量的进一步提高，也给学生生活带来诸多不便，为学生管理和安全带来隐患。

三、校园文化建设的主要内容

可以从精神文化、制度文化、形象文化、环境文化建设等四个层面来建设校园文化。

（一）精神文化建设

精神文化是一所学校精神风貌的表现，是学校人员思想素质修养的内在和外在的表现，是高层次办学的所在。根据学校发展史，在深刻挖掘学校的文化内涵的基础上，确立学校的文化建设以校训“厚德载物，经世致用”为基础，营造良好的校园文化氛围。校风建设要把坚持社会主义办学方向放在首位，要将教风、学风、工作作风三者有机结合起来，以良好的工作作风带动形成良好的教风和学风。在校风建设中，要大力弘扬“学术追求至真、道德追求至善、艺术追求至美”的文化哲学观，要通过建设优良校风，努力把学校育人的根本任务落实到每一位师生员工，努力实现“教书育人，管理育人，服务育人，环境育人”的功能。

1. 工作作风建设

各级领导和管理服务人员要把本职工作与学校育人总目标结合起来，以良好的职业道德和敬业精神去教育感染学生，促进学生成长成才，要牢固树立“育人才是根本，管理就是服务”的观点，深入学生，关心学生，尊重学生，通过人性化管理，为学生提供优质服务，创造优良的教学和生活条件，引导学生健康成长。同时还要树立科学的政治观、人才观等发展观，加强对教育改革的思考和战略研究，实现科学、民主、法治、德治治校的有机结合。通过真实真切的学习和思考，达到真实运用。不断提高所有人员的思想认识水平和处理全局复杂事务的能力。不断增强领导人员的理论素养和团队的凝聚力和战斗力。大力加强作风的建设，通过制度发挥监督机制作用；按民主集中制原则，充分发挥集体领导的作用，实现科学民主决策，提高管理学校事务和治校兴校的能力水平。

2. 师德师风建设

全体教师要牢固树立“育人为本，德育为先”的教育理念和“学为人师、行为世范”的思想观念，切实增强以身立教的使命感，要大力培养“授知启智，恪尽职守；热爱学生、诲人不倦；修身求识，为人师表”的良好师德风范和“勇于创新，追求真理；锲而不舍，脚踏实地；多出成果，造福社会”的敬业精神。自觉把个人理想与学校发展、社会进步紧密地联系在一起，以弘扬民族精神、发展先进文化、培养合格人才、提高民族素质为己任。大力倡导“求真务实，潜心钻研”的治学态度和“求真，求新，求实，求精”的学术精神；大力弘扬“团结协作，互相帮助，共同进步”的团队精神。既传道，授业，解惑，成为学生学习科学文化知识的“经师”，又要关注学生思想道德修养，成为学生健康成长的“人师”，更要注意培养学生的创新精神、创业意识和实践能力，成为学生全面成才的“导师”。全体教师的言行举止要体现出人民教师的良好形象，表现出人民教师高尚的人格魅力。

3. 学术精神建设

学术精神一直渗透于一所中学的办学理念和文化资源中,它展现出中学的个性特征,决定着学校精神的整体格调风貌。要培养和造就良好的学术精神,营造一个学术至上、自由探索、团结协作、公平竞争的学术氛围,促进学者们追求耐性、酝酿积淀并取得突破性学术成果,这是造就一流人才、出创造性成果的重要基础。要通过名师的示范引导作用,从行为入手塑造正确的观念,促进学术健康理性地发展。从学校管理体制和管理机制的角度来说,要根据《中学教育法》以及相关法律法规的要求,成立相应的学术管理机构,明确其在民主参与学校管理中的地位和权利。各种学术管理机构要建立健全相应的章程和管理制度,明确议事规则和职责范围。要使学科带头人成为积极的管理者,赋予其更大学术发言权。同时还要处理好权力和学术之间的关系,扩大学术权力,发挥专家治校的积极作用。这才能从组织上保证良好学术精神的培养与促进。

要将打造名师与团队建设结合起来,创新人才培养机制,优化人才工作队伍。大力实施人才强校战略,要做到谋划发展时优先考虑人才保证,制订计划时通盘考虑人才需求,研究政策时重点考虑人才导向,部署工作时全面考虑人才措施。要统筹兼顾各个层次、各类学科和各年龄阶段人才的合理分布,要以人为本,一视同仁地为各类人才服务,努力营造鼓励人才干事业,支持人才成事业,帮助人才干好事业的环境氛围,使一切有利于学校发展的创造愿望得到尊重,创造活动得到支持,创造才能得以发挥,创造成果得到肯定。

4. 学生学风建设

要深入总结中学生思想政治教育和学生管理工作的成绩、经验和不足,进一步探索中学生思想状况和成才规律。坚持以党建为龙头,以服务学生成才为宗旨,以课堂教育为主导,以安全稳定为前提,以校园文化活动为载体,以提高人才培养质量为目标,把爱国主义教育、社会主义荣辱观教育、基础文明教育等与思想政治课改革结合起来,帮助学生牢固树立“尊师守纪,文明诚信;好学善思,勤奋实践;志存高远,全面发展”的思想观念。通过将诚信自律教育、培养学生良好的道德和行为规范的养成教育融入学生日常生活中,使学生道德自律和自我约束意识不断提高。构建学风建设长效机制。同时，强化寝室导师队伍建设，选拔优秀的领导干部、专业教师深入到学生寝室担任导师，到寝室进行思想、心理、学业等教育引导工作，帮助学生做好实践规划，指导学生开展好实践活动，引导学生升华思想、凝练品格。进一步建立和完善学校心理健康教育的长效机制。

（二）制度文化建设

管理文化是依托管理理念、组织形式和管理模式为内容的管理制度体系文化。校园管理制度的思想水平和完善程度决定并体现着校园管理文化的发展水平。要体现“德治是灵魂、法治是保证”的思想，一切从实际出发，按中学教育规律和民主工作规律办事，彰显民主、公平、正义、和谐的人文精神。

一是要奉行“以人为本，服务至上”的管理理念，通过科学规范的管理为师生提供服务；要坚持在依法、民主、以德治校的前提下，坚持党的教育方针和民主政策的前提下，依法规范学校决策、管理和运行机制，从而建立起自主、科学、民主管理政策及高效灵活的现代中学制度。

二是进一步对涉及学校工作方方面面，以及各单位各部门的各种规章制度进行整理、修订、增补、完善和汇编，并做到有效实施。

三是加强民主监督和管理。坚持凡涉及学校改革发展的重大问题和教职工切身利益的重大决策都要经过教职工代表大会和工会的意见和评议通过；完善基层联系制度，建立民主治校的言路工作机制；推进依法校务公开，扩大员工的参与权和知情权；充分发挥民主党派、共青团等在参与学校管理、推进民主工作中的作用。

（三）形象文化建设

1. 开展“形象识别系统工程”建设

有效地整合和检验学校发展理念、体制、方针、制度、价值观、精神、文化等方面的问题，把学校现有的深层无形的资源和外在有形的资源进行系统科学地规划和设计，按最显著的方式和最佳的组合予以表达和调整，以达到资源利用的最大化。借助大众传媒、依靠师生员工和学校的实际行动来展示学校独具个性魅力的新形象，使学校在文化哲学、价值观、精神理念、战略目标、行为、典礼仪式、视觉标识、各种物质用品规范、文件制作样式、广告宣传、文艺活动、建筑风格、校园环境布局、口号、校训、校徽、校歌、校旗等方面，达到高度协调一致，将学校的形象规范化、合理化、标准化、科学化、系统化、持久深入化，逐步完善具有特点的形象识别系统。在学校的各种学校交流、仪式、庆典活动中推广形象识别系统建设成果。

2. 重视对校史资料的挖掘和整理，建设完善校史馆

组织力量搜集、整理、研究和编写校史资料。建立校友会，开通“校友网”，陆续编印《校友风采录》，通过《校友风采录》充分展示校友的创业经历、人生感悟和工作成就。通过这些举措，在充分挖掘学校历史传统宝贵资源的基础上，生动形象地展示学校发展历程，鼓励和发扬学校优良传统。

3. 整合学校宣传资源

按“一流校园媒体的标准”，重点建好校报、网站、广播站等主流强势媒体。加强对学校媒体的管理，拓展对外宣传工作的渠道。统一对外对内宣传的口径、内容、数据，及时公布学校发展动态。对学校办学理念、办学思路、办学特色、办学成就、重大事件、重要活动、典型人物，以及与学校密切相关的重大节日、纪念日进行重点宣传，外树形象，内聚人心，提高学校的知名度和美誉度。

（四）环境文化建设

在充分调查、研究、论证的基础上，以“文化品位、现代气息、人文精神”为理念，科学制定校园建设规划。大力加强校园基础设施建设，充分开发已有设施功能。以创建清幽秀雅、富有深厚人文底蕴的校园环境为目标，着力推进以“四化”“八无”为标准的文明绿色校园建设。“四化”即“绿化、美化、净化、静化”，“八无”即“无信用污染、无学术污染、无环境污染、无噪音污染、无邪教污染、无重大经济案件、无重大刑事案件、无重大责任和安全事故”。使校园的路、楼、景点达到使用功能、审美功能的和谐统一，以优美的校园景观激发学生的爱校精神，陶冶学生关爱自然、关爱社会、关爱他人的美好情操，使外化形式的教育目标内外化学生的精神境界。具体说一是根据学校总体规划，在现有基础上整体规划和设计校园硬件文化环境的建设，让教育性的

文化特质充满校园。创设宣传栏、电子屏展示等多种文化教育设施，展示学校的校训和教书育人理念，提升校园文化层次。组织教师和学生命名学校的主体建筑名称，突出学校文化特色品位。二是继续完善图书馆、网络教室的设施、设备，充实藏书量，加强图书馆、网络教室管理员的培训，健全管理制度，让图书馆、网络教室成为学生吸取精神食粮的重要场所。

四、文化建设的特色项目

（一）爱的教育

形成了以关爱留守儿童等活动为载体的爱的教育。培养学生拥有博爱精神是教育的根本起点，多年来一直积极地推进关爱型校园建设，用校园文化熏陶学生、感染学生、带动学生，也积极地为学生搭建平台，让其在感受被爱的同时，在社会实践中去关爱他人、回报社会，进而在延伸学校校园文化建设脉搏中将博爱的精神内化为学生的思想品质。2008 年 4 月从加强中学生思想政治教育、服务地方着眼，针对农村留守儿童父母外出打工而少人照料、精神缺乏关爱、心理缺乏疏导、感情缺乏寄托、学习缺乏帮助、自我约束能力较差等问题，开展了志愿者关爱农村留守儿童活动，将关爱型校园建设延伸到广袤的农村，外化为对农村留守儿童的关爱。

（二）传统文化教育

形成了以关爱空巢老人等活动为载体的中华传统文化教育。空巢老人是当今社会最为关注的社会弱势群体，这一群体的产生有社会发展因素，但更加重要的则是人们道德观念的原因。尤其当代中学生伸手要钱想起父母、整天埋怨自己父母等现象屡见不鲜。针对这些现实，从 2008 年末开始在全校学生中发起开展关爱空巢老人活动。当同学们面对那些孤独、寂寞的老人时，他们想尽办法帮助老人，同时也激发起他们内心深处对自己父母、爷爷奶奶、祖父祖母的感恩。学校可抓住这一契机将每年的重阳节所在月份确立为“孝道与感恩主题活动月”，邀请孝道文化学者讲学、开展写一封家书、为父母洗一次脚等活动，让广大同学在这一浓厚的感恩环境中反思，进而让广大同学懂得感恩、学会回报。

（三）善的教育

形成了以关爱残疾人等活动为载体的善的教育。残疾人作为社会的弱势群体，需要全社会共同关心、关爱，作为黑龙江省唯一一所拥有特殊教育专业的学校，学校积极发挥自身优势，依托特殊教育专业在全校学生中发起了关爱残疾人活动，学生每年都定期深入到特殊教育机构，为聋哑、智障、自闭等儿童的康复奉献力量，学生们还在教师的指导下利用寒暑假对家乡城市的残疾人社会保障设施建设情况和残疾人社会关爱现状等进行调研，并结合情况在全省学校中学生中发起了关爱残疾人活动。通过活动的开展，激励广大中学生从日常做起、从身边做起，为需要帮助的人奉献一片爱心。现在每年“绿丝带行动”“自闭症儿童关爱活动周”“残疾人关爱周”等活动已经成为学校校园文化活动的重要组成部分。

（四）环保生态教育

形成了以关爱自然为主体的环保生态教育。学生每年利用“学雷锋月”“世界水日”等重大活动日，在社区、街道、广场等地，开展志愿环保行，宣传环保知识，做环保义工。学生在社区开设的公益课堂不仅讲授科学文化知识，更注重环保生态教育，在市区进行的“净城环保行动”等都已经成为一个品牌。

（五）关爱自我教育

形成了以“5・25”心理健康日为主体的关爱自我教育。通过开展各种心理健康教育主题宣传活动，引导中学生关爱自我，关爱他人，关注心灵成长，塑造良好的育人氛围及和谐的校园文化环境。

五、学校思想政治教育中传统文化的融入研究

传承中华优秀的文化遗产，能增强中学生的民族自信心和自豪感，树立道德信念，培养民族精神。将传统文化的内容融入思想政治理论课教育中是具挑战性的。“讨论式”教学对学生主体性思维、语言应用能力和创造性才能的培养优于传统学习方式。利用学校大类招生培养的有利契机，充分运用课堂的理解、导入、问答技能，把握兴趣、语言、情绪等感性调控机制，融传统文

化于当下知识体系中,并辅以设施、考评等配套,有效提高教育质量。

(一)不断求变的中学思想政治教育

中学思想政治教育倡导的是“通才”教育,“通才”教育培养的学生基础知识广博,综合素质好,发展后劲强。这要求加强基础教育、因材施教、整合师资、设备等教学资源,克服狭隘的教育意识,增强学生的适应性和学习中的互动性。在思想政治课的教学中教师要更大量的储备综合知识,并配合教学管理部门,注重学生技能的培养。同时在教学方法、教学手段、学时设置、实践环节等方面作出相应的调整。

当今世界中学教育发达的国家在对中学生进行培养教育时,无不依靠本民族、本国的传统文化对中学生进行价值观、人格和道德修养方面的塑造。传统文化为思想政治教育提供了丰富的理论素材,中学生肩负着中国灿烂历史的传承。现实课程建设,受制于教材,传统文化教育中的分析问题和解答问题局限于理论到理论的简单推演。教育模式欠缺灵气,背离课程建设精神,效果暗淡。在思想政治课教育中,利用讨论式教学有效开展,将传统文化动态地融入其中,确能起到事半功倍的效果。

(二)互动教学的核心——“讨论式”教学新解

1. 讨论式教学的涵解

“讨论式”教学法是一种拥有久远历史的教学方法,它对学生主体性思维能力、语言应用能力和创造性才能的培养具有重要的作用,因此备受青睐。“讨论式教学法是在教师的指导下,学生围绕教学内容所涉及的某些现象和问题进行探讨、辩论乃至争论而获得知识、运用知识、激发思维和发展能力的一种教学方法。”“从教学论来看,讨论式教学是自学模式与授课模式的结合;从学习论来看,讨论式教学是自学模式与探索模式的结合。”中国共产党十八大报告在谈到教育时提出“全面实施素质教育,深化教育领域综合改革,着力提高教育质量,培养学生创新精神”等指导性的要求。思想政治课是对中学生进行思想政治教育的主渠道,从实际情况看,“讨论式”教学能有效培养和提高学生的思维能力、创新能力、独立分析问题解决问题的能力、语言表达能力、团队协作能力。它在信息分享的过程中,发挥学生个性,增强自信心,进而促进认知结构的完善,使学生彻底成为学习的主人。

2. 讨论式教学的技能要求

学生的培养具有不同于常态招生的绝对特质,更强调对学生应用型能力的历练,教学中的针对性要更强,要有更加开放的教学状态,要更着眼于师生的互动性和合作性。对这些学生开展讨论式教学要储备一定的课堂教学技能,适当把握课堂感性调控机制。

(1)讨论的课堂教学技能。"讨论式"教学的课堂技能对教学实效起着决定性作用,一般来说应包含知识理解技能、导入技能、问答技能。

知识理解技能:这个阶段中教师和学生都要提前准备。对教师而言,要通过研读大纲、阅读大量的科研文献,将需要讨论部分的基本概念、原理,需要解决的重点、难点等梳理成不同的讨论题目。讨论题目要选取传统文化中能够针对学生实际的内容,抓住社会存在的共性、热点性问题。同时注意事先应通过摸底调查的方式了解所教学生掌握的相应知识情况,提出系列问题并撰写讲稿。对学生而言,在教师的指导下从中国传统文化中搜集、查阅论证问题的材料,通过自学阅读参考资料,分析论题的重点,并在此基础上列出发言提纲,寻找合理的发言方式、逻辑性表达论点。

导入技能:课堂教学的导入起着集中注意力、渗透主题和带入情景的作用。精心设计的导入能够极大抓住学生的感官,调动学生情绪。导入的形式可以丰富多样,比如情景式、任务式、角色式、提问式、反问式。成功地导入是讨论精彩与否的前提之一。

问答技能:讨论式教学中,提问必不可少,提问可以采取回忆提问、分析提问、评价提问、综合提问等多种类型。要灵活地运用提问,引导学生围绕讨论主题巧妙设立辩论的对立面,诱导学生进行对抗式辩论,并及时纠正跑题、偏题等诡辩现象,调动多数学生积极性,避免学生间的紧张关系出现,营造良好的课堂辩论氛围。

(2)课堂感性调控机制运用。讨论只是手段,讨论的目的是进行有效教学。成功开展的讨论式教学是一个教师不断吸引学生注意力,调动学生积极性的过程。对部分学生来说将传统文化的内容融入思想政治教育中是晦涩的、敬而远之的。所以,要注意讨论课过程中对学生的兴趣、语言、情绪等的感性调控。

兴趣机能:兴趣是推动学生主动学习的内在动力,讨论课堂中就要运用多种手段,提起学生的浓厚兴趣。这样培养的学生思维活跃、好奇心重、接受综合知识意识较强,讨论过程中要紧密围绕传统文化与当下社会热点、教学重点、疑点展开互动。激发学生的求知欲望,以此提高学生的思维能力,激活创造力。

情绪机能:教师和学生的情绪是课堂气氛活跃与否的最为敏感的因素之一。教师情绪饱满能在课堂中创建一种良好的学习情境,使学生受到感染,进而全身心地投入到课堂学习中。学生情绪的高涨既能提高其注意力,更能配合教师创造一种融洽的、真诚的、开放的讨论气氛。

语言机能:教学语言应具有清晰简练、通俗易懂、声情并茂的特点。要做到科学性、艺术性、时代性的统一。讨论课堂中,不要求教师讲得过多,而要说得恰当。将教材的知识、传统文化的知识用现时年轻人的语言和交流方式表达清楚,使整个课堂教学处于一种生动活泼、张弛有度、兴趣盎然的良性教学环境之中。

(三)传统文化融于讨论中

研究传统美德文化,就是“要传承祖先优秀的文化遗产,增强青年学生的民族自信心和自豪感,帮助我们树立道德信念,培养民族精神”。归纳总结传统文化体系内容,甚是困难。思想政治课教育中也不可能专题讲授,但鉴于传统美德文化教育的重要性,讨论式教学的开展,既能使学生最大化学习传统文化知识,又能结合现下学习实际内容。下面以思想政治四门核心课程为例说明。

在“中国近现代史纲要”中设置论题“从中国自新求强历史看中华民族精神”。可以从勤劳勇敢,自强不息的民族精神诠释。《论语·子罕第九》:“知者不惑,仁者不忧,勇者不惧。”说的是有智慧的人不会迷惑,有仁德的人不会忧愁,勇敢的人不会畏惧。勤劳勇敢是中华民族优良品格,奠定了中华民族坚不可摧的立业根基。直到今天,艰苦奋斗、自力更生仍是中国精神文明建设所提倡的重要精神。正是这种自强与勇敢,中华民族文化才能在世界的沧桑变化中保存、发展并辉煌灿烂。

在“思想道德修养与法律基础”中设置论题“维护社会秩序,道德手段与法律手段的博弈选择”。可以从传统文化的“敬廉崇洁、诚信守法”方面思考。《管子·牧民》:“国有四维,一曰礼,二曰义,三曰廉,四曰耻。礼不逾节,义不自进,廉不蔽恶,耻不从枉。”四维之中,“廉”处在核心地位。廉者必知耻,知耻则知廉。当下,清正廉洁仍是维护国家稳定的根本,是道德高尚者的象征。廉政与法治的关系密不可分,社会主义法治保障和促进廉政建设。

在“毛泽东思想和中国特色社会主义理论体系概论”中设置论题“文化民族性保持下的和谐思想内涵”。可以结合传统文化的崇尚和谐,兼容并包思想论证。《尚书·尧典》:“明俊德以亲九族。九族既睦,平章百姓。百姓昭明,协和万邦。”国家应以“明德”求得内部的和谐与和平以及与外部各国的和谐与和平。梁漱溟在《中国文化要义》中概括的“和”文化:“温顺和平、耻于用暴、重文轻武、文雅而不免纤弱、特喜调和妥协、中庸及均衡、不为已甚、适可而止。”一直以来,中华民族始终以宽广;博爱的胸怀亲仁善邻、协和万邦,历史证明,中华民族是一个崇尚和谐,崇尚包容的民族。

在“马克思主义基本原理概论”中设置论题“如何在实践中做到以人为本”。可以从传统文化的爱民、重民、以民为本入手解题。《孟子》的“民为贵,社稷次之,君为轻”。《管子·治国》的“凡治国之道,必先富民”。马克思主义人学的核心理论是人的解放和全面发展,是科学的、革命的爱民重民学说。现下,中国在马克思主义人学指导下充分利用民族传统文化资源,将会使当前中学生人格修养得到合理、有效解决。

教师要统一辅导学生,教授其怎样查找资料、组织讨论、进行辩论准备。讨论以小组为基本单位,以个体在课堂中进行自由辩论。辩论结束后,教师不做输赢决定,只总结辩论中的成效和问题,学生要上交讨论总结稿,作为综合成绩的一部分。

(四)讨论下的教学优化深思

“讨论式”教学的开展不是单一的教学方法实施的问题,它还涉及教学硬件设施、教学内容、教学组织、教学评价和考评机制方式的配套改革。以讨论式教学方法作为改革的切入点,推进学校的全面教学改革才是核心所在。

首先,在教学设施上,“教室基于课堂教学是基本的设施保障,教室、实验室的设计要以新兴的教育观念为统领,教学方式发生改变的今天需要有与之相适应的研讨型的教室设计”。即使没有专用的教室也应该充分保证有可供小组讨论使用的教室。其次,加强教师整体素质,强化其对教学方法重要性的认识。强化对教育理论观念和知识的学习和转变。再次,要建立与讨论式教学相适应的教学管理机制和体制,建立符合讨论式教学的教学组织规范。最后,学校的学生工作部门要在实践环节中配合教学部门再促进。

现在,“讨论式”教学的完善还存在一些亟待研究的问题:教师不可能仔细关注每个学生,组长负责小组成员讨论表现打分,这样讨论结果的量化人为因素在所难免,怎样才能更体现考评的公正;讨论课的实行能否提高到行政高度,获得国家教育行政部门的重视并给予有效支持;各学校之间是否建立一种长效合作机制,交流经验,形成学校合力;怎样编写一批高质量的应用教材等。

第四章　中学思想政治教育价值前沿问题研究

习近平总书记强调:“思想政治工作从根本上是做人的工作,关系中学培养什么样的人,如何培养人以及为谁培养人这个根本问题。”这是对思想政治教育价值问题和作用功能的新论述新阐释。思想政治教育价值研究既是思想政治教育理论发展的需要,也是思想政治教育学科发展的要求;既是增强思想政治教育实效性和认同感的需要,也是思想政治教育满足人的自由全面发展和社会进步的诉求。关于思想政治教育价值的认识存在两种对立观点:一是“万能论”,认为思想政治教育价值是不言而喻、不言自明的公理,缺乏深层次的哲学追问和理论批判;二是“无用论”,认为思想政治教育不直接创造物质价值而对思想政治教育反感和忧虑,贬低和异化思想政治教育的价值,“把思想政治教育这一活生生的有机体异化为政治斗争的装饰品,从而阉割了思想政治教育对其价值主体生命意义的追求与实现,为其价值本身蒙上一层昏暗的阴霾”,曲解和漠视了思想政治教育满足人的全面发展和社会进步的价值。“万能论”和“无用论”都走了偏锋和极端,都不能正确认识和理解思想政治教育价值,对思想政治教育价值评价过高,会滑向思想政治教育万能论深渊;评价过低会导致思想政治教育无用论,无法发挥思想政治教育价值。因此,非常有必要对思想政治教育价值进行深入研究、系统探讨和深刻阐述,推动思想政治教育学科建设和学科价值实现。

第一节　中学思想政治教育价值研究理论阐释

一、概念厘清:对范式及思想政治教育价值范式的理解

“范式”概念是由美国学者托马斯·S.库恩在《科学革命的结构》中提出。范式“就是一个公认的模型或模式”,“是一种在新的或更严格的条件下有待进一步澄清和明确的对象”,①是科学共同体成员所共有的“研究传统”“理论框架”“理论上和方法上的信念”、科学的“模型”和具体运用的“范例”。范式研究对于学科的重要意义在于标志着一门学科是否成熟。任何一门学科在没有形成范式以前,只处在前范式时期或前科学时期;一个学科一旦出现了统一的范式,就进入渐进性发展的常规科学时期。思想政治教育学科发展经历这样一个从前科学到科学的发展进程,产生了思想政治教育价值范式革命,新的范式被科学共同体接受,使思想政治教育学科真正成为一门科学。“思想政治教育研究范式的形成标志或划分标准主要包括学科体系的建构路径和方式、研究方法的来源和独立性、学科的主要研究对象和核心内容、学科发展的动力模式以及学科成果在表现与传达上的视角与话语方式等方面。”②思想政治教育价值范式决定思想政治教育范式的科学化,是思想政治教育学的核心命题。思想政治教育价值研究逐渐形成一种价值研究范式并逐渐从思想政治教育实践共同体的母体中产生发展,随着社会变迁和时代转换产生一系列范式转变。

二、理论准备:关于教育价值研究范式借鉴

(一)西方教育价值研究范式评述

古代西方的伦理学、政治学、诗学中都包含了关于善恶、正邪、美丑等基

①[美]托马斯·S.库恩:《科学革命的结构》,金吾伦、胡新和译,北京大学出版社,2003年,第21~22页。

②戴锐:《思想政治教育研究范式的回顾与前瞻》,《思想政治教育研究》,2009年第3期。

本价值范式的探讨。著名的“苏格拉底法”“智德统一”理论；柏拉图善的理想国具备了这四种德——智慧、勇气、节制、正义，还有诸多重要思想家、教育家，如马丁·路德、夸美纽斯、洛克、卢梭、裴斯泰洛齐等的教育思想为思想政治教育价值认识提供丰富材料。近代，“价值”范式在教育领域形成了四类教育价值观范式：一是个人中心价值论。以实用主义者杜威的《价值学说》、马斯洛的需要层次理论、罗杰斯的人格自我理论为代表，主张教育不是为了功利目的，而是把人培养成自由、完善、和谐发展的个人。二是社会中心价值论。以柏拉图、亚里士多德、凯兴斯泰纳为代表，主张把教育纳入国家需求的轨道，教育应当服从国家需要，以国家为中心。三是唯技术教育价值论。以桑代克、斯金纳为代表，认为教育结果是可以用标准化的、量化的测量认知能力、知识单元和智力技巧。四是马克思主义结合论教育价值，把教育满足社会进步需要和个人发展需要相结合。从上述关于四种价值范式来看，前三种价值观范式以满足个人发展或社会进步需要为主，强调技术量化测量和标准化，对思想政治教育价值范式研究具有重要借鉴和启示作用，但存在片面性，而第四种马克思主义结合论价值观，把社会进步与个人发展需要结合起来，把价值观范式发展推上新的阶段，引发对思想政治教育价值范式的深层次反思和追问。

（二）国内教育价值研究范式概观

中国传统文化关于义利之辨、利害并存、祸福相依、美丑并生等对立统一观点；关于《论语》的“修己安人”、《庄子》的“内圣外王”、《大学》的“格物致知诚意正心修身齐家治国平天下”；儒家、道家、法家和墨家、阴阳家和禅宗等优秀思想文化都给思想政治教育价值提供了重要理论基础和丰富材料。特别是20世纪80年代以来存在着关于教育价值的争鸣，即“社会本位论、个人本位论、学术本位论、功利至上论、社会发展需求与个人发展需求统一论”①五种中学教育价值争鸣，从某种程度上也反映人们自觉或不自觉地试图对教育价值进行研究和追问的愿景，给思想政治教育价值研究提供重要思维借鉴和

①周光迅等：《哲学视野中的高等教育》，中国海洋大学出版社，2006年，第213~214页。

学术价值。目前我国对价值范式的考察也形成四种代表性观点：一是用意义界定价值，认为价值就是客体对主体发展的意义，界定了价值的意义指向性，即真、善、美的指向性。二是从经济学的需要角度考察价值，把价值界定为客体对主体需要和利益的满足。三是以效用性界定价值，突出客体对主体的效用关系。四是以目的性界定价值，认为价值表征人类的目的性要求。四种价值范式考察对价值本质、含义进行了学理探讨，从不同角度展现了价值范式的多种理解，有利于思想政治教育价值范式批判与借鉴，但上述价值范式的理解大都从需要或效用角度理解，而需要有合理与不合理之分，效用有用与无用之别，无法摆脱“价值即效用”的片面，而过分强调人的目的性，会导致主观价值论的产生。因此，社会生活的实践性本质告诉我们要结合时代发展，像“密涅瓦的猫头鹰在薄暮中起飞”，在深入批判思考中扬弃，为研究思想政治教育价值范式转型做好理论准备。

第二节　中学思想政治教育价值研究评估

一、中学思想政治教育价值研究现状

广大中学思想政治教育工作者、研究者在宣传、研究中学思想政治教育过程中，围绕党和国家重大理论和实践问题，对中学思想政治教育价值展开了研究，形成了关于中学思想政治教育价值本质、价值形态、价值实现等价值范式，开拓了中学思想政治教育价值范式研究新境界，取得了诸多成果，主要散见于诸多中学思想政治教育学科论著中，如专著有项久雨的《思想政治教育价值论》，还有张耀灿等著的《现代思想政治教育学》《思想政治教育学前沿》等著作中也对思想政治教育价值范式进行了详细研究。

第一，“生命线”论。生命线范式论断是对中学思想政治教育价值范式最重要、最有影响的概括。从周恩来提出“政治工作是红军的生命线”起，到毛泽东提出“政治工作是一切经济工作的生命线”论断拓展，到邓小平时期提出“思想政治工作是经济工作和其他一切工作的生命线”论断的发展，再到江泽

民对生命线论断的丰富“是团结全党和全国各族人民实现党和国家各项任务的中心环节，是我们党在社会主义国家的重要政治优势”，直到新时期不断强调加强和改进思想政治教育的需要，都围绕着“生命线”范式论断而阐释。

第二，“功能论”论。关于思想政治教育“功能论”范式研究散见于几本著作中，主要有四种代表性观点：一是思想政治教育具有保证、导向、凝聚、激励、调节、转化等六大功能。① 二是思想政治教育发挥巨大的社会作用主要表现为导向作用、保证作用、育人作用、协调作用和激励作用等。② 三是思想政治教育的社会职能可以分为根本性社会职能和具体性社会职能，根本社会职能是通过思想政治教育，为政治斗争服务，为生产斗争服务，为塑造人格服务，根本性社会职能是通过具体性社会职能实现，只有分解为具体的社会职能——灌输、转变、调节、激励，才有可能完成。③ 四是“思想政治教育呈现出的政治价值、经济价值、文化价值和管理价值，是思想政治教育社会价值的具体表征。思想政治教育在满足人的思想政治品德社会化需要、丰富人的精神世界、促进人的全面发展等方面发挥着不可或缺的作用，具有重要的个体价值。”④

第三，“主客体关系”论。学界从哲学话语对思想政治教育价值进行了界定，主要从价值哲学角度阐释，其代表性观点有：一是“人和社会在思想政治教育的实践——认识活动中建立起来的，以主体的思想政治品德形成和发展规律为尺度的一种客观的主客体关系，是思想政治教育的存在及其性质是否与人的本性、目的和发展需要等相一致、相适合、相接近的关系，这种关系是思想政治教育在其教育活动和社会关系中合乎主体全面发展（尤其是思想品德的形成和发展）和人类社会进步（尤其是精神文明的进步）的目的而呈现出来的一种肯定的意义关系”⑤。二是“思想政治教育价值是指思想政治教育以自身属性和功能来满足人与社会的需要以及人与社会的需要被思想政治教

---

①张耀灿，陈万柏：《思想政治教育学原理》，高等教育出版社，2001 年，第 64~79 页。
②邱伟光，张耀灿：《思想政治教育学原理》，高等教育出版社，1999 年，第 126 页。
③陈秉公：《思想政治教育学原理》，辽宁人民出版社，2000 年，第 69~93 页。
④孙其昂：《思想政治教育学原理》，河海大学出版社，2004 年，第 34~36 页。
⑤项久雨：《思想政治教育价值论》，中国社会科学出版社，2003 年，第 83 页。

育满足的效益关系。它反映了作为客体的思想政治教育活动及其属性、功能，能否满足及能在多大程度上满足主体需要的特定关系”①。

第四，价值本质论。项久雨对思想政治教育价值本质进行了界定：“思想政治教育价值的本质是价值主体的需要——人的政治社会化的需要与思想政治教育属性——满足人的政治社会化属性之间的对应关系的总和，是两者的质的规定性联系而成的思想政治教育价值的质的规定性的综合统一。”②孙其昂等对思想政治教育价值本质的规定性作出阐释：“思想政治教育在其教育活动和社会关系中合乎人的全面发展和人类社会进步的目的而呈现出来的一种肯定关系。”③思想政治教育价值由社会和人对思想政治教育的需要程度和思想政治教育在多大程度上能满足社会进步和人的发展的需要决定的，这是思想政治教育在现实生活和人的实践活动中获得地位的源泉。

第五，价值形态论。总结学界对思想政治教育价值形态，主要有以下几种：④按可能性和现实性来分可以分为理想价值和现实价值；按性质来分可分为正面价值和负面价值；按效果来分可分为直接价值和间接价值；按评价来分可分为绝对价值和相对价值；按价值主体来分可分为个体价值和社会价值。

第六，价值评价论。董平、丛晓波认为，思想政治教育的评价活动存在主体单一，内容抽象难以量化，操作实施困难等困境。同时，思想政治教育要更加关注“现实人”的需要，重视个体功能与社会功能的有机统一。因此，实现思想政治教育的有效性需要坚持发展性评价理念，以思想政治教育的价值生成过程为依托，建构价值生成评价模式，实现多主体参与、动态过程性、立体式结构的综合评价模式。⑤ 闫艳提出，“思想政治教育价值确切的表述应是思想政治教育效用价值，是否有利于价值开发和提升是评价思想政治教育效用

---

①罗洪铁：《思想政治教育专题研究》，四川人民出版社，2002 年，第 358 页。

②项久雨：《思想政治教育价值论》，中国社会科学出版社，2003 年，第 48 页。

③孙其昂：《思想政治教育学原理》，河海大学出版社，2004 年，第 26 页。

④张耀灿等：《现代思想政治教育学》，人民出版社，2006 年，第 169~173 页。

⑤董平，丛晓波：《思想政治教育价值生成评价模式的建构理路》，《思想教育研究》，2016 年第 7 期。

价值的根本标准。”①

第七，价值实现论。思想政治教育价值是否实现需要在价值实现过程中去寻找答案，其焦点主要集中在思想政治教育价值实现内涵、实质、规律、路径等几个方面，主要有三种观点：一是郑永廷的《现代思想道德教育理论与方法》对现代思想政治教育价值的实现等方面对思想政治教育价值进行了开拓性的研究。二是“思想政治教育价值实现，其内涵是由潜在价值向显性价值转化，即使思想政治教育的功能、作用得以发挥并取得成绩和效果。思想政治教育价值实现，其实质是客体主体化，即思想政治教育所提出的思想政治教育品德要求为主体所内化，变为主体的信念，并外化为改造世界的行动”②。三是“只有立足于‘现实的生活’的思想政治教育机制，服务于经济建设和社会主义现代化建设，有效解决了人的观念转变、精神激励、思想的升华和道德的提升等问题，并作用于实践产生明显效果时，思想政治教育价值才显现出来”。③ 此外，对价值实现规律也进行了初步探讨，“除了同步递增律外，还有神形统一律、虚实转化律和真善美统一律”④。

二、中学思想政治教育价值研究反思

（一）明确思想政治教育地位和作用，把思想政治教育与社会、人的价值三者有机结合

思想政治教育是社会活动的实践共同体，而现有的思想政治教育价值研究是脱离社会大系统的理论研究活动，存在着理论与实践脱节现象，尚未把思想政治教育价值、人的价值与社会价值结合起来，思想政治教育价值局限于抽象的主体，把思想政治教育工具价值与目的价值割裂开来，没有处理好思想政治教育价值目的与手段的关系，拒斥和消除思想政治教育价值论研究的人学基础。在人的主体性回归的思想政治教育场域中改变以抽象的哲学

---

①闫艳：《对价值和思想政治教育价值的续思》，《湖北社会科学》，2016 年第 6 期。

②张耀灿，徐志远：《现代思想政治教育学科论》，湖北人民出版社，2003 年，第 355~356 页。

③孙其昂：《思想政治教育学原理》，河海大学出版社，2004 年，第 23~24 页。

④张耀灿等：《现代思想政治教育学》，人民出版社，2006 年，第 193~199 页。

范畴意义的“主体”为现实的“人”，嵌入思想政治教育价值的人学基础，把现实的“人”作为思想政治教育价值的轴心，把满足人的需要和利益作为思想政治教育价值发展值得深入研究的命题。

（二）研究方法论缺乏

快速转型的中国社会具有鲜明的两重性和复杂性，即“社会优化与社会弊病并生、社会进步与社会代价共存、社会协调与社会失衡同在、充满希望与包含痛苦相伴”（郑杭生语），经济体制深刻变革，社会结构深刻变动，利益格局深刻调整，思想观念深刻变化，对思想政治教育的负面影响日益显现。杜维明先生把现代性意识形态有一个主流价值导向概括为三点：“一是经济主义，二是消费主义，三是物质主义”①，人们被抛入一个传统价值崩塌和普遍物化的“病态社会”，现代化带来日益滋长的经济主义、消费主义、拜金主义、物质主义、极端个人主义、官能主义等，加上国外价值观念的渗入，价值观念的差别、摩擦、冲突也成为诱发冲突、激化矛盾的重要因素，即使人们重新发现了思想政治教育的当代价值，又对思想政治教育价值范式研究提出了更高的要求。结合思想政治教育价值范式成果分析，从理论视角来看，思想政治教育价值范式研究的理论体系性、系统性需要进一步完善，而理论研究不能满足实践需要，理论研究滞后于实践发展：经验总结多于理性批判，缺乏哲学思考的思想政治教育价值范式模式不能真正认识到思想政治教育价值，把理论的抽象和应当如何实践割裂开来，从而也把实然与应然、现实与理想对立起来，陷入形而上学的窠臼，不能为思想政治教育价值范式研究提供一个合理方法论基础。

（三）实证研究的缺乏

现实社会中对传统主客体二分的批判中包含着试图建构新的“世界理论图景”的身影，思想政治教育价值的价值哲学基础受到质疑，思想政治教育价值局限于抽象的主体，主客二分的主体性思想政治教育也在向主体间性转向，因而要积极汲取相关学科资源，加强思想政治教育与时代实践的对话交

①杜维明、卢风：《现代性与物欲的释放》，中国人民大学出版社，2009年，第7页。

流，夯实思想政治教育价值研究的理论基础，重视思想政治教育价值研究的实证基础。

（四）传统与现代、中西比较研究不足

在全球化、信息化时代的社会变迁中，不断创新发展思想政治教育新的肯定性意义和正向性价值，处理好思想政治教育工具性与目的性价值的关系，处理好思想政治教育价值的现实性与超越性、民族性与全球化、本土化与国际化的关系。在内容的选择上，我们不能以传统为主，更不能把当代马克思主义搁置一边而只讲传统。即使讲传统内容也应同新的实际相结合，为解决思想政治教育面临的新情况、新问题服务。

第三节 中学思想政治教育价值范式嬗变

思想政治教育价值范式在继承与发展中不仅耦合了经济社会发展理论先导的需要，调动广大人民群众积极性、创造性，取得了中国特色社会主义伟大成功实践，而且也契合了社会实践发展而不断转型，经历从中华人民共和国成立到20世纪80年代的传统思想政治教育政治话语“生命线”范式，到80年代中期后的学科化时期学理话语式“功能论”范式，到价值哲学“主客体关系”范式，思想政治教育价值范式转型成为现代思想政治教育科学发展的重要表征。

一、传统思想政治教育政治话语“生命线”范式

从中华人民共和国成立初期到20世纪80年代，在长期革命和社会主义建设初期实践中，计划经济占主导地位，无产阶级专政，文化单一，主要是对思想政治教育价值进行政治话语式的关注沿用“生命线”“中心环节”等事实和直观经验范式来对思想政治教育价值所作出最形象、最本质的概括，分为两个阶段：1949～1978年主要服务于阶级斗争需要；到1978年后，我国开始了改革开放和社会主义现代化建设新时期，主要服务于经济建设需要，以经济建设为中心任务。如《关于军队政治工作问题的报告》中明确指出“政治工作

是红军的生命线”,1955年毛泽东提出“政治工作是一切经济工作的生命线”。1981年党的十一届六中全会通过的《关于建国以来党的若干历史问题的决议》指出:“思想政治教育工作是经济工作和其他一切工作的生命线。”“生命线论”指出了思想政治教育传统价值:关系党和国家前途和命运,是我们党的政治优势、优良传统,为其他工作提供理论指导和思想引导作用,为经济工作和其他一切工作提供思想保证、精神动力和智力支持。要合理地确证思想政治教育价值,既不冒进,又不右倾,正确认识思想政治教育的“生命线”价值,达到对思想政治教育的认同。

二、学科化时期学理话语式“功能论”范式

1984年,中学设立思想政治教育专业之后陆续建立本科、硕士、博士点三个层次专业体系,思想政治教育价值范式研究发生重大变化,逐渐进入学理话语式关注阶段,学者们强调“生命线”范式基础上谈思想政治教育地位功能多,在张耀灿、陈秉公、陆庆壬等学者的著作中散见相关论述:“思想政治教育的地位,并非谁说它重要就重要,谁说它不重要就不重要,它是不以人的意志为转移的,而是由它本身固有的规律决定的。”①思想政治教育具有“社会结构性地位与社会功能性地位、根本性社会职能与具体性社会职能”②。“思想政治教育作用突出表现为经济建设的坚强保证,是政治建设的必要条件,是文化建设的主导因素,是改革开放的精神支柱,是全面开发人才智力的强大动力。”③这个时期学者们对思想政治教育价值问题研究主要是从思想政治教育地位和功能来阐述的,不可否认,这是人们正确认识思想政治教育的价值发挥了重要作用,但由于缺乏深层次的反思和哲学追问,思想政治教育价值研究处于避谈价值而阐释地位和作用的阶段,没有把思想政治教育价值与功能区分开来。

---

①张耀灿:《思想政治教育学原理》,华中师范大学出版,1988年,第83页。

②陈秉公:《思想政治教育学》,吉林大学出版社,1992年,第47~56页。

③陆庆壬:《思想政治教育学原理》,高等教育出版社,1991年,第79页。

三、价值哲学“主客体关系”范式

针对前期思想政治教育价值范式研究存在着把思想政治教育价值与思想政治教育地位功能混同的现象，学人们开始从哲学视角反思，抽象和升华思想政治教育地位与功能，把价值与功能之间的界限区分开来，把思想政治教育价值范式研究置于主客体关系中进行价值哲学话语系统论述。这样做，一方面对思想政治教育价值的认识更加准确，把考察视野瞄准对象本身，另一方面，对思想政治教育价值的认识更加科学，认识成果实现科学提升。功能与价值，一个是作用概念，另一个是本质概念，功能是描述某一事物因包含某些元素或某种结构而具有的一定功用或能力，这是关于事物效能的描述；价值表达的是一种需要与满足的关系，这是对事物的质的规定。从马克思论述中价值的概念是从需要与满足的肯定关系进行阐释，“是主体在实践活动中建立起来的，以主体的尺度为尺度的一种客观的主客体关系，是客体的存在及其性质是否与主体的本性、目的和需要等相一致、相适应、相接近的关系”①。可以看出，对思想政治教育价值范式的研究肯定了作为思想政治教育客体与主体之间的一种肯定关系，从主客体、需要与满足两对范畴去理解和把握，价值研究范式实现了工具性价值与人本性价值的辩证统一，代表着理论界对这一问题的主流认识。

第四节　中学思想政治教育价值研究未来展望

随着对中学思想政治教育价值范式研究不断深入，思想政治教育价值范式成果越来越丰富，思想政治教育价值研究新旧范式的不断更新运动转型，这既是思想政治教育系统知识体系的更换，又是科学共同体成员价值观念、思维方式、语言符号、实践标准的“跃迁”，必将推动思想政治教育科学化与现

---

①项久雨：《思想政治教育价值论》，中国社会科学出版，2003年，第38页。

代化。“过去的成功是我们的财富，过去的错误也是我们的财富。”①随着时代变换和中国特色社会主义事业不断推进，在思想政治教育价值范式研究中总结过去、现在，展望未来，思想政治教育价值研究应与时俱进地展示其价值魅力，拓展和丰富其价值范式研究。除了从理论基础、方法论意义上着力“解决其哲学基础、理论体系、研究视野、研究方法问题，应突出重视马克思主义理论基础问题，价值始点问题、价值概念界定问题、价值形态概括问题、价值研究边界拓展问题”②之外，还应在思想政治教育现代转型中不断实现和发展思想政治教育价值。

一、从社会转型背景下研究思想政治教育价值实现

思想政治教育是研究社会中人的思想行为活动的科学实践，当社会从农业社会向工业社会再向信息化社会的转型中，思想政治教育社会环境在不断变化，外部格局也不断改变，思想政治教育系统的内容、目标、理论、方法、载体、主题等内部要素与结构不断实现从经验性向科学性、传统性向现代性的现代转型，思想政治教育价值要素也应与时俱进地不断实现转型，要正确处理好目的价值与工具价值的动态平衡、个体价值与社会价值的合理张力、显性价值与隐性价值的科学互补三个向度的关系。现代思想政治教育要在把握时代变化的主旋律和当代中国价值观走向基础上，帮助人们正确认识思想政治教育的价值问题，使思想政治教育真正成为一种自觉的价值追求、价值创造和价值实现，把思想政治教育价值、人的价值和社会的价值在更高层次上实现有机结合和统一。人的全面发展和社会的全面进步是思想政治教育的终极价值，人的全面发展既是人的价值的最充分体现，又是思想政治教育价值实现的理想境界。改革开放以来，社会价值观发生巨大变化：一是计划经济向市场经济转变，价值主体多元化，价值主体地位和主体意识觉醒。二是过去单一的政治化价值取向朝向“一主和多元整合”发展。面对价值取向

①《邓小平文选》第3卷，人民出版社，1993年，第288页。

②张耀灿等：《思想政治教育学前沿》，人民出版社，2006年，第70页。

多元化和主体性觉醒，思想政治教育价值应以国家和社会可持持续发展和个体的全面自由发展为导向，辩证认识思想政治教育的地位和作用，正确处理思想政治教育与中心任务的关系，既拒斥思想政治教育"万能论"，又反对思想政治教育"无用论"，防止形而上地片面对待思想政治教育价值，当前主要是防止片面强调中心任务而忽视思想政治教育。科学发展观提出后，思想政治教育价值也向"人本位"转变，在弘扬"劳动本位"价值时，让"人本"观念渗透于思想政治教育实践中，从"物的世界"的思维方式转向"人的世界"的思维方式来研究人、认识人、理解人，呼唤人的主体性回归，使思想政治教育活动成为一种"直面人的生命、通过人的生命、为了人的生命质量的提高而进行的社会活动"，成为"以人为本的社会中最体现生命关怀的一种事业"。①

二、应对现代性挑战丰富思想政治教育价值系统

在全球化的强势推进和信息社会的快速发展进程中，重视和丰富思想政治教育价值系统是思想政治教育学科发展的内在要求。思想政治教育价值范式研究系统如何应对民族化、科学化与国际化发展趋势：一是在西方文化霸权主义大肆渲染意识形态霸权背景下如何体现其文化批判、选择、整合、扬弃的价值，是一个值得深入研究的问题。二是面临全球变暖、生态恶化等危及人类生存的重大问题，思想政治教育价值研究如何打破原有价值局限，重视生态价值的研究，帮助人们树立生态意识和道德观念，树立可持续发展观的迫切性重要性也日益凸显。三是在深入调查研究不同阶层、不同地区、不同民族的价值观念变革的情况下，如何将价值研究植根于时代实践，在吸取传统价值观念和外来价值观念的基础上整合、建立、创新思想政治教育价值研究值得深入探讨。四是如何坚持真理与价值的统一、合目的与合规律性统一、继承与创新的统一、普遍与特殊的统一、拒斥与接纳的统一的方法论原则，去构建新的、更加完善的思想政治教育价值范式系统，如思想政治教育价值观念系统、结构系统、目标系统、标准系统、实现系统、评价系统等。五是推

①叶澜等：《教育理论与学校实践》，高等教育出版社，2000 年，第 136 页。

进思想政治教育人本价值实现研究。褚凤英提出："思想政治教育价值研究应当在人学范式的基础上，立足于人这个社会主体，进一步审视思想政治教育与人的价值关联，发掘思想政治教育作为一种客观的也是必然的社会现象，它本身蕴含了人的生存和发展的那些内在要求和一般逻辑，即探讨思想政治教育的人本价值。"①

三、在中国特色哲学社会科学建设推进思想政治教育价值研究

伟大的中国特色社会主义事业需要伟大的力量成就，伟大的力量需要伟大的精神来凝聚，伟大的精神需要伟大的理论指导。理论是实践的先导，而社会现实生活中理论往往滞后于实践发展的现象。在马克思主义中国化进程中，思想政治教育价值研究应避免这种情况出现，要确立"马学为体，西学为用，国学为根，世情为鉴，国情为据，综合创新"②的学术原则，科学总结思想政治教育价值发展规律，正确处理"马学""西学"和"国学"关系，积极吸收借鉴西方有益成果和中国传统文化精华，准确把握中国特色社会主义重大理论和实践问题，思想政治教育理论研究与实践发展结合。钱美玲、丁三青③提出思想政治教育价值研究从传统走向当代面向未来的融通之途：需要一种能够整合并推进研究范式再转换的"宏大视野"。出场学视域以"与时俱进"的理论品格，以"交往实践观"为理论线索，从"历史与理论逻辑相统一的出场语境、实践反思与文本重读相统一的出场路径、生活回归与理论建构相统一的出场形态"三维层面，对思想政治教育价值研究的当代出场方式进行总体性诠释。思想政治教育学不是书斋之学，而是一门不断运用到实践的科学，作为认识世界和改造世界的工具，只有在具体的社会实践中才能体现和折射其价值，思想政治教育价值研究不是闭门造车，只有在社会生活中呼吸生活世

---

①褚凤英：《思想政治教育价值研究的理论演进与人本价值研究之展望》，《学校党建与思想教育》，2017 年第 9 期。

②程恩富，何干强：《论推动中国经济学现代化的学术原则》，《马克思主义研究》，2009 年第 4 期。

③钱美玲，丁三青：《出场学视域中思想政治教育价值研究的当代发展》，《江苏高教》，2017 年第 1 期。

界的空气，才能开出思想政治教育价值之花。

总之，思想政治教育价值范式研究要确立“马学为体，西学为用，国学为根，世情为鉴，国情为据，综合创新”的学术原则，积极吸收借鉴西方有益成果和中国传统文化精华，准确把握中国特色社会主义重大理论和实践问题，把思想政治教育价值理论研究与价值实践实现结合；要着眼于生活，在应对社会冲突和社会风险场域中，把解决现实问题与思想问题结合，承担解疑释惑、咨政育人的作用；为统筹推进“五位一体”总体布局、协调推进“四个全面”战略布局提供精神动力、智力支持和思想保证，证明思想政治教育价值的现实性力量、正向性价值取向和肯定性意义。

第五章　中学思想政治理论课教学改革的前沿问题与策略研究

中学思想政治理论课教学是一项涉及面广的系统工程。有效组织与实施思想政治理论课教学，不但要求投入人力、物力以及财力，还要得到社会和学校领导等各方面的积极配合。本章就中学思想政治理论课教学的主要依据、教学现状、教学改革的基本问题、教学原则以及教学质量评价进行详细介绍。

第一节　中学思想政治理论课教学的主要依据

中学思想政治理论课在长期的发展过程中已经积累了较为丰富的经验，使其能够建立在具有充分的依据基础之上，从而形成了自己独特的实践教学模式。这些依据主要包括马克思主义理论依据、教育学依据等。

一、中学思想政治理论课教学的马克思主义理论依据

（一）马克思主义的认识论

实践教学要以马克思主义认识论作为最基本的理论指导思想。因为实践活动对形成个体思想政治素质具有关键作用，所以，不管是马克思、恩格斯、列宁，还是中国共产党的几代最高领导人，都对实践活动十分重视，都主张通过实践教学的方式来进行思想政治教育。

(二)马克思主义关于人的全面发展的理论

马克思主义关于人的全面发展的理论,也是中学思想政治理论课实践教学应遵循的又一重要理论。在《德意志意识形态》一文中,马克思、恩格斯首次正式提出"个人的全面发展"的科学概念,此后他们在诸多著作之中系统地对这一概念展开了分析与阐述。马克思主义认为,人的全面发展包括多方面的内容,如人的需求、能力、社会关系、自由个性等等。换言之,在每一个具体的人在发展过程中,"人以一种全面的方式,也就是说,作为一个完整的人,占有自己的全面的本质"。因此,马克思主义关于人的全面发展理论是要实现人的自由、全面而和谐的发展,它可以通过以下几个方面表现出来。

1. 人的全面发展表现在人的需求的充分满足

马克思将人的需要看作是人的本性,认为人对外部世界的各种需要实际上体现着他的内在本性;人为了满足自己对外部世界的各种需要不断地参与到实践活动中,并通过实践活动在满足需要基础上产生新的、更高级的人的需要。对于现实生活中的人,充分满足其需求是马克思主义倡导的人的全面发展的重要方面。

2. 人的全面发展表现在人的能力的全面发展

人的能力主要是指人的体力与智力、自然能力与社会能力、潜在能力与现实能力等人所具有的不同类型的能力。一般来说,人的能力展示和再现了人的本质力量,在社会本质上体现了人的内在力量,是马克思主义关于人的全面发展理论十分重视的一个价值目标。

3. 人的全面发展表现在人的社会关系的全面发展

人的社会关系是指人们在社会交往中形成的各种错综复杂的关系,这种关系具有一定的普遍性和可控性,比如,人与社会的关系、人与人之间的关系、人与其自身的关系、人与自然的关系等。只有在特定的社会关系或社会交往活动之中,人的能力才能形成并得到体现与发展。马克思指出,人的本质在其现实性上是一切社会关系的总和,社会关系在一定程度上决定了人的发展程度。如何构建丰富、全面的社会关系,也是人的全面发展的内在要求。

4. 人的全面发展表现在人的个性的自由发展

个性发展是人的全面发展的根本内涵,集中体现了人的本质力量的发展程度。人的个性的自由发展,是强调作为生命有机体的个人在发展中内在的各种构成要素之间的均衡、协调发展和认知、意志、情感等诸多心理因素的完善与发展。每一个人都可以从实际出发,按照自己所具有的各种特性,如禀赋、爱好、性格等,自主选择有利于自身发展的路径,最大限度地发挥自己的潜能。这种个性的自由发展是人的全面发展的必然要求。

5. 人的全面发展表现在人的主体性的全面发展

主体性是人所特有的属性,是指人们在创造自己的社会历史活动中表现出来的自主性、创造性和能动性等。这种主体性使得人成为自然界、人类社会以及自我发展的主体,不仅成为人的全面发展的重要内容,而且还是实现人的全面发展的重要条件。

6. 马克思主义关于人的全面发展的理论非常注重强调每个社会成员自由而全面的发展

这种思想,有助于通过实践教学活动来充分发挥学生的积极性、主动性和创造性,有助于满足学生个体不同方面的需要,推动其自我价值的真正实现。因此,它是中学思想政治理论课在教育教学过程中一直追求的根本目标与价值取向。

(三)马克思主义关于人的本质理论

关于人的本质问题,是马克思首次明确提出来的。① 他认为,人的本质的社会性是从人的社会存在来看的,既包括体现动物本能活动的自然属性,又包括建立在物质资料生产基础之上的人们在相互交往中形成的社会属性。而人始终是处在社会实践活动中的,实践性也是人的本质的十分重要的一个方面。② 同时,社会关系从整体上可被分成物质性关系、精神性关系这两大

①马克思认为:“人的本质不是单个人所固有的抽象物,在其现实性上,它是一切社会关系的总和。”

②“我们不是从人们所说的、所想象的、所设想的东西出发,也不是从只存在于口头上所说的、思考出来的、想象出来的、设想出来的人出发,去理解真正的人。我们的出发点是从事实际活动的人。”

类,它们在不同的阶级社会中、不同的社会历史条件下都会随之相应地发生变化,使得人的本质呈现出变动性、阶段性等诸多特征。

马克思主义关于人的本质理论表明,人是不能脱离实践活动而生存与发展的。当代中学生在成长的过程中同样不能离开实践活动,这就要求将中学生的学习过程看成是不断实践的过程。只有这样,中学生才能把所学的书本知识转化为自己的能力,构建和谐融洽的社会关系,实现个体的社会化,成为社会意义上的人。

由以上可以看出,马克思主义基本理论充分强调了理论与实践相结合的必要性、实践活动对人的成长的重要作用、人的全面而自由的发展、人的本质的社会性和实践性等,为我们在中学思想政治理论课的教育教学中进行实践教学提供了重要的马克思主义理论依据。

二、中学思想政治理论课教学的教育学依据

教育学依据也是中学思想政治理论课教学在组织实施过程中必须遵循的重要依据,它主要体现在以下两个方面:实践教学很好地体现了德育课程的要求;实践教学符合主体性教育的要求。

总之,在中学思想政治理论课教学过程中加强实践教学,符合主体性教育的要求,也符合现代教育发展的趋势。

第二节　中学思想政治理论课的教学现状

一、高效思想政治教学模式取得的成绩

随着马克思主义理论一级学科的设置,思想政治理论课教学取得了长足进步,并积累了宝贵的经验。以学科建设为支撑的课程体系,综合、立体的教材体系,理论与实践相结合的教育体系,多元立体的教学、考试方法改革为中学思想政治理论课进一步发展和创新奠定了坚实的基础。

（一）多元化教学

中共中央颁布了一些对在校中学生的教育意见，指出："要全面加强校园网络的建设，以网络为媒介，传输思想政治教育为主要目的，让学生深入地了解思想政治的重要性。"为贯彻落实这一精神，马克思主义理论学者、中学思想政治理论课教师展开了对网络环境下思想政治理论课新教学模式的实践。第一，运用网络教学技法，丰富了思想政治理论课的教学手段。较早的实践重视对电子教案、多媒体等教学手段的运用，近年来更多思想政治理论课教师运用慕课、微课、网络教学平台等实现思想政治理论课教学手段的创新。第二，探索了符合互联网时代要求的思想政治理论课教学模式，如依赖于网络和社会实践的立体多元的思想政治理论课教学模式，多元化的考试方式。第三，普遍适应了互联网时代对思想政治理论课教学模式创新提出的要求，即立体教学、多元国标、研究性学习等。

思想政治理论课程教学在"互联网+"时代的引领下，将会面临着新的内容的改革。在十二届人大会议上，李克强总理首次提出了"互联网+"教学行动计划，指出：互联网成果不仅在经济上融合，也会在教育行业中融合。重新塑造传统行业的结构、模式，以"互联网"教学驱动着传统教学模式的改变，从而形成了适合学生需求新的教学模式。

因此，构建互联网+思想政治理论课教学模式是思想政治理论课在新阶段教学改革的重要方向。思想政治理论课承载着对学生知识、能力、信仰、道德培养的多重任务。传统的思想政治理论课教学以教师为主体，重视理论灌输，教学方法、内容、手段、目标单一，教学空间单调，已受到互联网+时代的巨大挑战。互联网+思想政治理论课教学改革可以在以下两方面深化：第一，借助网络教学平台、慕课、微课等手段，使互联网与教学深度融合，变传统"传递—接收"单向灌输式的思想政治理论课教学模式为自主学习、目标多元、时空立体、师生双向互动的混合教学模式。第二，利用互联网资源共享、信息互通，加快推进马克思主义理论教学与科研、学科建设的结合。

（二）要打造一支高水平的教师队伍

一个学校能不能为社会主义建设培养合格的人才，关键在于教师团队的培养。2005年11月10日,胡锦涛在中央政治局学习会上的讲话中,提出要建设一支政治强、业务精、作风正的马克思主义理论队伍,包括马克思主义理论大家、各学科各专业的领军人物和有志于从事马克思主义理论研究的后备人才。2008年中共中央宣传部教育部在《关于进一步加强高等学校思想政治理论课教师队伍建设的意见》中,对思想政治理论课教师提出了基本要求。坚持正确的政治方向,新任教师原则上应是中国共产党党员;有扎实的马克思主义理论基础和相应的教学水平、科研能力,新任教师应具备相关专业硕士以上学位;政治原则、政治立场和政治方向要与党中央保持一致。

在党和国家对马克思主义理论课人才培养的重视下,马克思主义理论一级学科博士点、硕士点为中学思想政治理论课教师输送了大量人才,充实了思想政治理论课专职教师队伍。同时,各中学学科骨干成为思想政治理论课教学骨干,院校领导参与思想政治理论课教学,并为一线教师提供经验和指导,青年教师教学效果提高较快。在提高思想政治理论课教师素养上,我国推进国家示范培训、省级分批轮训、学校全员培训的三级培训体系,达到全员培训的目标。此外,马克思主义理论研究和建设工程、"精彩一课"、各省、市中学主管部门和各中学的"教学技能大赛""精品课"等鼓励和促进了青年教师提高教学技能。

二、中学思想政治教学存在的问题

思想政治理论课教学还需更新教学观念,强化贴近实际、贴近生活、贴近群众的"三贴近"原则,重视实践教学,提高教学效果,增强学科建设意识。

(一)教学的观念需要改变

1. 主客体观念的改变

思想政治教育的主体组织、实施和控制整个教学过程,起着支配作用。在以往的传统教学过程中,表现出极强的主体观念,以提升学生的思想道德水平为主要目的,使学生在思想、行为方面到达预期的目标。客体与其他客体具有不同之处,主要特点有:

(1)客体是有思想、有意识、有目的的,客体还有主观能动性的意识。

(2)在受教的过程中,客体并不是被动的,而是与主体配合的,与主体形成教学相长的关系。

(3)客体在学习的过程中,一方面是有在主体的带动下,提升自身知识水平和道德素质的内动力。

(4)客体是有主观能动性的,因此在学习的过程中,并不是盲目地接受知识、信息,而是有目的、有选择地去吸收知识,逐步与自身的价值观相融合的过程。

(5)主客体是一个双向沟通的关系。在主客体的相互影响下,使教学氛围更加的亲密,对提升客体思想道德水平的目标越有利,客体主动地吸纳知识,不断地积累和发挥知识水平,这种主动性,就会转化为主体性。

因此,综上所述,在教育的过程中,也是受教育的过程,主客体教学的观念是必须要改变的

2. 观念是行动的先导

现代教育倡导“以人为本”,“以人为本”要探寻人的根本,即人存在、发展的起点和基础、目的和归属。从这一角度而言,“以人为本”是价值目标,要体现人类社会实践活动的目的性和能动性,在实践活动中尊重人的创造性,体现对人的终极关怀,促进人自由而全面的发展这个终极目标的实现。思想政治理论课教学贯穿“以人为本”的理念,应提升学生在学习过程中的主体性,发挥其能动性,尊重其创造性,体现对其的关怀,为实现人的自由而全面的发展创造条件。具体而言,思想政治理论课教学要从以下几方面努力,使“以人为本”的教育理念得以体现:第一,为学生创造自主学习机会,挖掘学生学习的内在动力。教师要改变“满堂灌”的教学方式,设置案例讨论、学术研究、时政论坛等形式,使学生充分发挥主观能动性,表达内在精神需求。第二,引导学生用理论解决现实困惑。思想政治理论课虽不是解决现实问题的灵丹妙药,但是可以提供解决问题的思路和方法。教师要引导学生深化理论,在自我意识的发展上实现超越,从而直面现实,解决困惑。第三,尊重个体差异。马克思曾说:“人们的社会历史始终只是他们个体发展的历史,而不管他们是否愿意意识到这一点。”思想政治理论课在尊重马克思主义意识形态引领地

位的基础上，包容、尊重学生由成长经历造成的个体差异性，使学生在情感上引起共鸣。

（二）“三贴近”原则的加强

在这里的“三贴近”原则就是贴近实际、贴近生活、贴近群众，是宣传思想战线改进和加强自身工作的一条重要指导原则，也是中学思想政治理论课教学的重要原则。

我国教育的总体目标是培养德智体美劳全面发展的社会主义合格建设者和可靠接班人。中学思想政治理论课与专业课共同肩负着这一职责。思想政治理论课在性质和功能上与一般理论课又有所不同，它是实现中学生政治社会化的基本途径，因此，中学思想政治理论课既要体现社会发展对中学生的要求，又要与中学生成长成才的需要相契合。但是在实际的教学过程中，理论与实践总是脱节，在教学的过程中有三种倾向：

1. 重视知识的传播，轻政治素质的培养

教师对思想政治理论课与一般理论课不加区分，将思想政治理论课当作专业课讲授。在教学中只重视理论逻辑，既忽略社会现实，又忽略中学生的思想实际；在考核中，只注重考试成绩，忽略学生思想、行为的进步。

2. 对理论的讲解不够重视

教师把思想政治理论课当作趣味性、生活化的课程，重视教学的氛围，但是在教学中忽略理论的重要性，在考试中淡化理论测试。

3. 教师为了达到目的，采用“生拉”的措施

为达到理论与实际相结合的目的，“生拉”理论去“硬套”现实。不准确、缺乏说服力的现实案例不仅会影响理论的科学性，还会破坏思想政治理论课的正面影响力。

（三）实践教学只是形式化

2008 年中共中央宣传部、教育部《关于进一步加强高等学校思想政治理论课教师队伍建设的意见》提出，要从本科思想政治理论课现有学分中划出 2 个学分、从专科思想政治理论课现有学分中划出 1 个学分开展本专科思想政治理论课实践教学，以充分的制度、条件和环境保障社会实践不流于形式。

按照这一学分要求,以教育部规定的学时比例进行划分,2 个学分折合 36 课时。这意味着四门必修课共需要完成 36 课时的社会实践。从社会实践开展的实际情况看,各中学主要采取课程社会实践的方式,在课堂教学中穿插社会实践环节,以简单的课堂讨论,学生写读书笔记、小论文等形式完成社会实践任务;也有部分中学通过缩减四门必修课课时,设置 36 课时的“思想政治理论实践课”,从整体上对学生的社会实践活动进行指导和管理。“长江师范学院”采取设置“思想政治理论实践课”的方式完成社会实践。他们从学生专业特长出发,如通过舞台剧的形式,对音乐学院学生社会实践进行考核,获得了较好的实践效果。

然而,多数中学不能确保高质量地完成社会实践教学环节。原因有三:一是思想政治理论课是中学生的必修课,大班授课学生人数多,统一开展社会实践的难度很大;二是社会实践经费有限,限制了社会实践活动开展的形式;三是社会实践资源整合力度不够,学生实践很难得到学校和社会的支持,“大思政”的教育观念和环境仍需努力建设。多数中学采取学生分散社会实践,教师集中检查的方式,社会实践质量难以保证。即使有中学进行教师指导下的集中社会实践,但受经费、基地的约束,绝大多数学生也不能亲身参与,因此其发挥的影响力极其有限。

(四)教学的效果不容乐观,有待提高

1. 整体教学质量受影响

出现这种现象的主要原因是由于教师队伍在数量上或者在教学质量上有严重的不足之处,才会影响到了整体的教学质量。2015 年 7 月中央宣传部、教育部印发《普通中学思想政治理论课建设体系创新计划》,再次强调本科和专科院校应分别严格按照 1∶350～1∶400 和 1∶550～1∶600 的师生比配足配强专职教师。从各中学的实际情况看,绝大多数中学难以达到这个水平。由于数量不足,思想政治理论课教师疲于应付巨大的工作压力,教学效果堪忧。思想政治理论课教师长期从事繁重的教学工作,也不利于科研工作的开展,从长远看影响个人、单位和学科的发展。有的中学由于教师数量不足,不重视思想政治理论课教师的任课资格,认为其他学科的老师、辅导员、教学管理人员都可以从事教学,因此安排大量的兼职教师充实思想政治理论课教学队伍。兼职教师教学水平参差不齐,且无法保证参加统一的学习培训、教研活动,在授课水平上与专职教师存在明显的差距。

2. 大班的授课,会影响到教学的效果

由于总体师资欠缺,多数中学思想政治理论课采取大班教学的方式。中学思想政治理论课承载着情感教育的价值目标。中学生的人生观、价值观尚不稳定,情绪敏感,渴望在与成人的情感交流中获得尊重和提升。大班教学的方式使一名教师同时面对上百名学生,教师难以根据学生的特点因材施教,更谈不上对学生的心灵关怀和情感交流。大班授课容易停留于枯燥无味的道德说教上,在师生之间产生无形的隔阂。学生会认为思想政治理论课是"说教",可以机械背诵理论教条来获取学分;教师会认为学生冷漠、难以沟通,向学生关闭情感的大门。思想政治理论课教师要通过晓之以理、动之以情的方式,培养中学生正确的世界观、人生观和价值观,教师人格力量、个人经历、情感交流在授课过程中起到潜移默化的作用。大班授课因课堂效果、学生的差异性等大大减弱了思想政治理论课的人性感染力,使情感沟通变得困难。大班授课也是影响教学改革的重要因素。由于学生人数过多,课堂讨论、分组活动通常难以进行。

(五)学科建设意识淡薄

学科建设是教师队伍建设的关键环节。马克思主义理论一级学科建设的关键任务是为中学思想政治理论课提供有力的学理支撑,使其向科学化的方向发展;营造思想政治理论课教师的学科归属感,为教师教学、科研素质的提升,学历、职称的晋升提供阵地。马克思主义理论一级学科设立10年来,在提升思想政治理论课教师学历、职称、科研能力等方面发挥着重要作用。但由于部分思想政治理论课教师并不重视学科建设,认为学科建设是教授、专家的任务,甚至仅仅将工作定义为"教书匠",极少参与学科建设工作。

教学、科研与学科建设是相得益彰的。教学内容的研究、教学改革的探讨可以形成科研成果,科研成果又支撑学科建设,学科建设平台越完善,就越能为教学提供理论支撑。目前,中学思想政治理论课青年教师学历高,对自身发展很重视,但普遍存在教学经验不足、学科建设意识淡薄的问题。年龄偏大的教师则教学经验丰富,但科研和学科建设动力不足。因此,学科建设与教学、科研相脱节,出现专家、教授搞学科建设,中老龄教师重教学,青年教师重科研的现象。

学科建设意识淡薄的现状会带来两方面的后果:一是各自为政的状况为组建良好的教学、科研团队带来阻力;二是单兵作战不利于学科方向的凝练,使学科建设处于被动局面。

三、中学思想政治教学的影响因素和对策

教学是一个环环相扣的系统工程。教师作为施教主体,对教学效果起着直接的影响作用。教学方法、教学模式是中介,考试考核方式是评价环节,对教学效果也起着重要影响。此外,思想政治理论课的综合、深层改革对思想政治理论课教学实效性的提高也起着指导性作用。

(一)提高教师素质

1. 提高理论素养

信息化时代教师会有更高的要求,不仅要对知识更新速度快,而且还要提高理论素养。思想政治课程本来就是理论与实践相结合的授课过程,只有通过实践,才能证明理论的正确性,只有通过学生的参与实践,才能记忆深刻,才能理解深刻。教师的理论知识储备量高于学生,但在实时信息的接收中却与学生处在同一起跑线。在个别学生感兴趣的问题上,学生的信息储备可能多于教师。但是教学不仅是信息传递和知识累积,更是促进学生知识建构的过程。各中学可以通过特聘的方式,聘请各级专家学者、党政干部和先进事迹的模范代表作为兼职教师。一方面,特聘教授可以充实思想政治理论课教师队伍,提高授课质量,另一方面,特聘教授尤其专家学者可以起到对专职教师的培训、帮带和示范作用。

2. 对责任的意识要提高

思想政治理论课教师要把政治立场作为任职的首要标准。在政治原则、

政治立场和政治方向上不能与党中央保持一致的,不能继续担任思想政治理论课教师。教育不是简单的说教,教师的亲身示范、人格力量更显思想政治理论课的魅力。教育主管部门和各中学要通过建立符合思想政治理论课教学职业特点的职称评聘标准,鼓励思想政治理论课教师把主要精力放在研究教学内容、创新教学方法上,切实提高教学效果。

(二)改革教学方法

"灌输"是马克思主义理论武装、理论教育和理论宣传的一条基本经验。在当前的思想政治课程授课过程中,有些教师认为"灌输"的经验已经落伍了,在授课的过程中永远就是:教师主动的输送知识,而学生则会被动地去接受,甚至中间还有"堵塞"的时候;也有教师在授课的过程中,永远地停留在"灌输"的层面上(教师所理解的灌输方式)。在这里重点的阐述"灌输"的真正意义。

首先,"灌输"理论并不过时,但是中学生作为思想政治理论课教学的对象与列宁时代的工人阶级大不相同。中学生接受高等教育,知识学习自主意识强,价值取向多元化。说教式的灌输,由于缺少甄别、选择和运用环节,中学生很难被动接受教学内容。

其次,在理论"灌输"时,要将思想政治理论课与一般理论课的教学区分开来。一方面,中学思想政治理论课具有一般理论课的特征。它是向中学生传授马克思主义理论、道德知识、法制常识的重要途径。教师务必将理论讲透彻,把逻辑理顺,学生才能学到真理。另一方面,中学思想政治理论课是思想政治理论教育的主渠道,是实施社会意识整合的重要途径,具有鲜明的政治导向性。政治导向目标的实现不仅依赖于理论的科学性,而且依赖于思想政治理论课"灌输"的效果,即通过学习思想政治理论课,获得政治是非观和政治敏锐度。

因此,在"灌输"的具体途径上,要通过改革思想政治理论课的教学方法提高"灌输"效果。要变传统的单向灌输为双向互动式灌输,变显性灌输为隐形灌输,变机械、命令式的灌输为疏导、启发式的灌输,变形式单一的说教、强制性灌输为载体丰富、形式多样的灌输,在灌输中营造平等、和谐的气氛,鼓励中学生充分表达自己的观点。

（三）创新教学模式

教学模式是指在一定教学思想或教学理论指导下，为完成规定的教学目标和内容，在某种教学环境和资源支持下，由教学活动中各要素建立起来的较为稳定的教学活动结构框架和活动程序。教学模式通常由教学理论、教学目标、教学程序、教学方法、教学手段、教学评价等要素构成。我国受苏联教育学家凯洛夫“组织教学—复习旧课—导入新课—讲授新课—巩固新课—布置作业”六环节教学模式影响，形成了“传递—接收”的传统教学模式。这种教学模式因能高效率传递理论，并通过大量练习巩固技能，普遍应用于我国高等教育和中小学课堂教学中。然而，传统教学模式教学程序单向性，教学空间单面性，教学目标单一性，教学手段单调性等特征，使其在互联网时代表现出明显的弊端。

人类已迈入“互联网+”时代，改变以教师为主体，以理论灌输为主要教学内容，采用单一的教学方法、教学手段的传统思想政治理论课教学模式成为教学改革的重要内容。立体教学模式是针对传统教学模式而言的。立体教学模式是指在“互联网+”时代，以网络为依托拓展教学空间，对传统的平面教学模式加以改造，形成立体化的教学观念、教学目标、教学内容、教学方法、教学手段、教材体系等要素，并在要素间形成较为稳定的教学结构和活动程序。

“互联网+”时代，思想政治理论课教学模式变得立体生动，可以打造“经典研读—课堂教学—网络互动—社会实践”的四位一体教学模式。打造“四位一体”教学模式的具体思路见表 5-1。

（四）多利用实践的资源

马克思主义的基本原则就是理论和实践相结合。思想政治理论课就是要坚持理论和实践相结合的受教方式，才能充分发挥实践环节过程中的教育学生的功能。在实践的过程中，不仅能让学生更加深刻理解理论的知识，还能加深记忆。由于社会的实践牵扯的因素较多，如费用、场地、人员的限制、安全等，因此，思想政治的授课必须通过拓展社会实践教学形式，完成实践环节的教学。具体有四个方面的内容。

表 5-1　思想政治教学课程的新模式

过程	网上预习	课堂教学	网络社会实践	复习	考核	评价反馈
教师	发布预习清单	主导教学	组织案例教学	提供重点问题微课视频	组织课堂考试	网络评学
	提供预习资料	理论讲授	组织互动讨论	提供模拟试题库	组织网络考试	信息反馈
	提供在线课程		提供拓展资料、视频	提供疑难理论解析	网上阅卷	
			发布调查问卷			
学生	学习在线课程	解决难点	阅读资料、观看视频	提交作业	参加课堂考试	网络评教
	提出问题	参与互动	参与互动讨论	模拟考试	参加网上考试	信息反馈
			参与问卷调查			

1. 注重教师讲授与学生参与相结合

教师在课堂中要多运用案例教学法、讨论法，将时政热点、焦点问题带到课堂，引导学生用理论分析现实问题。教师还可以通过组织课堂辩论、事实论坛等活动，充实课堂讨论，增强课堂参与性。

2. 拓展教育渠道

让学生树立“大思政”的理念，让教育生活化。如果想要教育的生活化，中间需要拓展教育渠道才能实现。由于生活即是教育，要坚持将课堂教学与日常教育相结合，使日常生活成为思想政治理论课的第二课堂。第二课堂可设计丰富多样的形式，如组织与思想政治理论课教学内容相关的社团活动、学术活动和校园文化活动，展开课题研究，建设主题学习网站、微信公众账号，完成社会调查等。

3. 鼓励学生“走出去”

社会实践要坚持校内与校外相结合。中学生“走出去”既可以了解社会、认识国情,可以加深对理论的理解,提高分析和解决实际问题的能力;又可以锻炼毅力,培养品格,形成奉献社会、服务社会的使命感和责任感;还可以了解社会主义建设的成绩和经验,坚定中学生在中国共产党领导下,走中国特色社会主义道路,实现中国梦的理想信念。要建立学生社会实践的长效机制,首先必须要建立长期、固定的社会实践基地并争取各方面的支持;其次要增加社会实践的形式,除了传统的社会调查外,还可以将参观考察、访问访谈、公益活动等形式纳入进来。各中学还应有相应的制度保障社会实践的时间、经费、师资等。

4. 注重"请进来"的思想

在"走出去"的同时也不能忽略"请进来"的思想。"走出去"社会实践受制约因素较多,不可能为每一名中学生提供实践机会。社会实践需要"点""面"结合,在"点"上试验,在"面"上铺开。"走出去"与"请进来"相结合可以实现"点""面"结合。中学可以通过请特聘专家教授讲学,先进事迹模范代表人物做报告,基层村、社工作人员介绍工作情况等拓宽社会实践的"面",满足全体中学生在校内就能深入了解社会现实,甚至完成访谈、调研的需求。

(五)改进考试考核方式

考试考核的目标在于评价。考试考核方式对教学活动有重要的引导作用。中学思想政治理论课承担着对中学生进行系统的马克思主义理论教学的任务,体现着党的教育方针和社会主义学校的本质特征,是党和国家事业长远发展的根本保证。因此,思想政治理论课的学习不能仅仅停留于理论学习,还要内化于心,外化于行。目前以闭卷考试为主要形式的考核方式不利于思想政治理论课价值的实现。考核方式的改革要引导学生形成正确的学习观,避免思想政治理论课"考前死记硬背,考后统统作废"的现象。考试考核方式改革的思路是多元化。第一,平时考核与期末考核相结合。第二,理论考试与社会实践考核相结合。第三,闭卷考试与开卷考试相结合。第四,期末考试与思想品德考核相结合。

第三节　当前中学思想政治理论课教学改革的基本问题

思想政治的理论实践教学作为思想政治课程的重要组成部分，也是巩固教学成果的重要环节，不仅是深化思想政治教育效果的重要途径，还是对中学生进行社会主义核心价值观培养的重要手段，中学生形成良好品德的重要途径，也是通过思想政治课程的教育，实践课程是不可替代的重要途径。随着全球经济一体化、信息网络化，世界多元化的发展，中学生的人生观、价值观、世界观也在逐渐的发生变化，外界的这些信息对于中学生而言，不仅是个人成长受教育的机会，还是一种挑战，是对传统观念的冲击，这就更加需要学生内化思想政治理论知识，在实践中对理论的理解。所以，思想政治理论课实践教学要逐渐引起人们的重视。近年来，各中学对思想政治理论课实践教学有效性进行着积极的探索，取得了不少的成效，但仍存在着很多亟待解决的问题。接下来我们主要讨论的是政治思想理论课程教学改革的现状以及存在的问题。

一、思想政治课程实践教学的概述

（一）思想政治实践课程的含义

对于思想政治理论课实践教学含义的界定，目前学术界有多种不同的观点。虽然研究者们对实践教学的含义持不同的观点，但基本赞成实践教学的内涵有广义和狭义之分。从广义上讲，中学思想政治理论课实践教学主要包括学生在课内所进行的课堂讨论、演讲、案例分析、模拟场景等课内实践；在课堂外进行的军事训练、社团活动、专题讲座、课题研究、知识竞赛等课外实践；在校外进行的参观考察、社会调查、志愿者服务、义务劳动等形式的社会实践。在思想政治理论课教学中，要充分利用各种形式的实践教学活动的优势，形成合力，以增强思想政治理论课教学的吸引力、感染力，激发学生学习思想政治理论课的兴趣，在实践教学中引导学生更好地将理论知识内化，提高自己的思想政治素质和能力。

从教学内容看,实践教学内容并非只是思想政治理论课程的基本内容,而是课程内容的深化和拓展。实践教学丰富理论教学的内容,将理论知识融入社会实践中,同时深化理论知识,开阔受教育者的认知视野和知识面,提升他们的综合素质与实践能力。

从教学模式看,不同于理论教学,受教育者必须要主动参与。教育者的主导作用,是实践教学活动得以有效开展的基本条件。实践教学过程中教育者要引导学生在实践体验中结合理论背景,身体力行地在鲜活的实践活动中产生思考。而受教育者在实践教学中主动地参与实践,以自己的认知来诠释、内化教育者所传递的思想政治理论课程内容,在实践中理解理论、内化知识、升华认识、提高素质。

(二)思想政治实践课程的作用

原教育部部长周济在全国中学辅导员队伍建设工作会议上的报告中指出:“中学生思想政治教育包括思想政治理论教育和日常思想政治教育两个重要方面,一个是主渠道,一个是主阵地,二者是相互依存、互为补充的。主阵地要积极配合主渠道,共同做好中学生的思想政治教育。”思想政治理论课的实践教学很多时候可以渗透到日常思想政治教育中,学生在实践中体会到理论的指导作用,同时激发学生学习的兴趣和热情,使理论教学与实践教学形成良性互动。学生在实践中检验理论,提高自己对理论的深刻认识和理解,将理论知识内化为自己的思想,从而知道自己的行为,积极主动地去了解中国的国情,适应社会的变化。由此可见,实践教学是思想政治理论课必不可少的一部分,对于中学生的思想政治理论的内化和深化有着不可替代的作用。思想政治的实践课程的作用主要有三点。

1. 对培养学生的思想政治素质和能力是有用处的

在学习马克思主义时,就了解了理论来源于实践,实践是理论的基本原则,又必须通过实践才能检验理论的“真伪”。马克思主义的理论是一个科学的理论体系,是实践的结晶,需要不断地通过实践来检验、完善。思想政治理论课实践教学符合这一原理。学生在实践教学的过程中能够体会到理论与实践的指导作用和辩证关系,通过亲身的参与才能印证理论的科学性和实践的重要性,这样不仅可以激发学生对思想政治的学习兴趣,还能激发学生对思想政治学习的热情态度。在学生参与实践的过程中,会发现问题,提出问题,解答问题,不仅丰富了学生的知识,还能使学习的氛围变得更加的浓厚。实践的过程有助于学生将所学的理论知识用于实践检验自己的理解掌握及内化的程度,逐步转化为自己处理各种问题的立场、观点和方法。在实践教学中,学生可以将马克思主义理论进行检验运用,转化为自己的思想政治素质和综合素质的能力。

2. 有利于学生树立正确的"三观"

所谓的"三观"就是人生观、世界观、价值观。在学习马克思主义实践的过程中,是有目的地学习,是有计划地改造客观的世界的过程,同时也是让学生全面发展正确的"三观"的过程。思想政治理论课程实践教学的过程,正是要求学生将思想政治理论应用于社会实践活动并在实践活动中检验的过程。在实践教学过程中,学生可以积极参与各种实践活动,以实践为师,在直观、形象、生动的亲身体验中理解运用马克思主义理论,在参与社会实践中认识客观现象的内在规律和本质,增强是非善恶与美丑的辨别能力,树立正确的价值观。很多学生对于有些抽象的理论知识仅仅是被动地接受,无法更加深刻地理解和认同。而实践教学大多都是起着引领的作用,中学生从抽象的理论知识拓展为丰富的活动实践;场地也发生了变化,从狭小的课堂到丰富多彩的社会生活;教育的工具从一本薄薄的课本转变为广阔的生活世界,使学生以最快的速度了解国情、民情,了解丰富多彩的实践课程。主要还是为学生有社会主义坚定的信仰打下了坚实的基础,同时,在分析和解决问题的过程中,树立正确的世界观、人生观、价值观。

3. 增强了学生的社会适应性

思想政治理论课教学既是理论知识的传授过程,又是实践活动的践行过程,实现着理论武装与实践育人的统一。实践教学有效性延伸着理论课教学的空间,充实理论课程教学的资源,更好地体现了理论与实践相结合的原则。而学生在实践中才能够真正地贴近实际、贴近生活,激发出对生活的热情。同时,在实践过程中,学生才可以更好地将理论应用于实践,指导自己的言行,在不断的实践中才能不断地调整自己的认知,学会用马克思主义理论来武装自己的头脑,指导自己的思想,增强自己的社会适应性。我们中国的教育现象几乎都是:一堂课下来,老师全程都在说,学生全程都在听,学生一堂课程下来集中精力的时间是二十几分钟,如果全程在听的话,这种接受教育的方式过于老化,学生不愿意学习,激发不出来对学习的积极性。另一方面,学生的认知能力和判断能力都是在纸上得来的,而不是从实践中得来的,只有在实践中人们才能认识事物的本质和规律。一切真知来自于实践,只有在实践中学生的认知水平才可以提高,政治素质能力得到锻炼,解决实际问题、适应社会的能力得以提升。总之,中学生能在社会实践活动中受教育、长才干、做贡献,增强社会责任感和适应性。

二、对思想政治理论课教程的现状分析

随着社会的发展,我国中学思想政治理论课实践教学的重要性逐渐引起人们的重视,特别是受到广大理论研究者和中学思想政治理论课教师的重视,在国家一系列文件的指导和要求下,全国中学逐步认识到开展思想政治理论课实践教学的必要性和作用,越来越多的中学重视思想政治理论课实践教学,并积极地探索思想政治理论课实践教学的有效方式和途径。我国中学思想政治理论课实践教学的实施,取得了一系列的成绩,同时也存在着许多问题。

(一)思想政治实践教学取得成果

1. 教学形式的多元化发展

各中学思想政治理论课实践教学根据自己学校的特点及专业性质,利用学校及周边的社会环境资源,采用丰富多样的实践教学形式。有的注重课堂实践,教学形式有演讲、案例分析、学生课堂教学等,激发学生兴趣,提高参与的积极性;有的注重校园实践,教学形式有社团活动、名师讲堂、公益活动等,在实践中相互讨论,提高认识;有的注重社会实践,比如志愿者服务、红色基地参观考察等,让学生更近距离地接触社会、了解国情、体察民情。总之,为了更好地让学生在实践中提高理论实践素质,各中学根据自己学校的实际情

况，不断创新，实践形式也日益多样化。

2. 教学方式和内容要与时俱进

现代信息传播技术的迅速发展，使新媒体得以不断更新并推进，深刻地改变着人类的思维及实践方式，发挥着传统媒体无法替代的重要作用。思想政治理论课实践教学无论内容还是形式上都与时俱进，利用新媒体丰富教学内容及形式，利用网上资源进行实践教学，及时有效地引导学生在实践中提高自己的理论实践素质。各中学都有自己的思想政治理论课的教学平台，师生共享资源，利用网络的及时快捷特点，共享视频等资源，让学生可以在第一时间了解最新国内国际新闻时政，参与发表自己的见解等，将自己理论知识转变为自己的政治观点，提高自己的政治素养，坚定社会主义信念。

（二）思想政治理论教学过程中存在的问题

在思想政治理论课教学过程中，虽然对实践教学的重视程度日益提高，教学形式日益多样化，但由于实践教学的特殊性，在全国各中学实践教学仍是一个薄弱环节，存在着一些亟待解决的问题。许多学者和专家都意识到了这一点，并提出一些很有价值的对策。主要表现在以下几个方面：

1. 对实践教学不够重视

大部分的学校，教师的教学方式将实践教学形式化，这种现象从学校领导层面到教师、学生对实践教学存在不同程度上的认识不足，使实践教学理念相对滞后，其地位趋于边缘化，制约和影响实践教学的有效性。虽然各中学都在重视实践教学，但由于一些实施方案没有落到实处，更多地流于形式。任课教师不愿意花更多的精力去组织实践教学，学生由于认识不到位也无法积极主动地参与。由于中学对思想政治理论课的实践教学重视程度不够，疏于管理，监管不到位，考核和奖惩制度不完善，使得实践教学的实效性大打折扣。

2. 实践教学资源不足，单调有限

实践教学资源严重的不足，是制约思想政治实践教学的重要原因，导致了实践教学不能从深度和广度向学生讲解。现在面临一个重要的原因是中学没有场地用来思想政治的实践教学，即便是有，全国的中学数量也不多。

这就说明了,思想政治实践教学,全国的各大中学还是不够重视,更严重的和中学对接的企业工厂数量也是有限的,有的是只有挂名,并没有真正地发挥其作用。校内的资源使用率也很单调,目前,据调查,仅仅局限于社团。

中学思想政治实践课程教学面临的问题,该如何根据思想政治理论课各门课程的不同特点和要求,来开发相应的实践教学资源,并且采用不同的实践教学方式来发挥实践教学的作用,是目前实践教学面临的首要难题。

3. 思想政治理论课程的教学和监督不完善

思想政治理论课实践教学的组织和实施属于研究中的薄弱环节。大部分中学的实践教学缺乏明确规范的教学大纲及实行方案。在教学过程中没有一套完善的监管及考核机制,致使实践教学更多地流于形式。对学生的实践结果的考核评价方式不合理,缺乏对实践结果与设计方案目的是否一致的考核内容、考核环节重复等。同时,对指导教师和组织教师的考核评价几乎空白。学校对实践教学的监管没有明确的制度和标准。

4. 中学之间缺乏学术上的沟通

从目前研究思想政治理论课实践教学的文献中可以看出,部分中学比较重视实践教学,也进行了积极的探索,形成了有特色的成果,比如红色基地实践教学、"大班授课、小班讨论"的教学模式等等。但是目前大部分中学所开展的创新的实践教学只是涉及某一门思想政治理论课,而不是四门思想政治理论课。另外,一些中学虽重视实践教学,但是没有一套完整合理的实践教学大纲、指南、模式。还有,目前大部分中学所开展的实践教学只是有部分学生可以通过立项、申报等形式参与进来,没有覆盖所有学生。

第四节　中学思想政治理论课教学的基本原则

中学思想政治理论课实践教学有其内在的发展规律,在组织和实施的过程中需要遵循一定的基本原则。这些原则主要包括坚持方向性、思想性与科学性相统一的原则,坚持实效性、时代性与创新性相结合的原则,坚持覆盖性、针对性与安全性相结合的原则,坚持指导性、主体性与整体性相结合的原则，坚持同步性、代表性与可操作性相结合的原则，坚持联系学生、联系教师与联系社会相结合的原则，等等。

一、坚持方向性、思想性与科学性相统一的原则①

思想政治理论课教学的方向性是指在教学中必须坚持以马克思主义、毛泽东思想和中国特色社会主义理论为指导，坚持社会主义的方向，全面贯彻和落实党和国家的教育方针与政策，是要解决“为谁培养人”的问题。思想政治理论课教学的思想性是指在教学中要注重培养学生的精神动力和精神价值②，从而使其确立对中国特色社会主义道路、中国特色社会主义制度、中国特色社会主义理论体系以及实现中华民族伟大复兴的“中国梦”的坚定信心。思想政治理论课教学的科学性是指在教学中思想政治理论课的指导思想、教学内容、实施方法等方面的正确性，它符合教学与学生成长的客观规律，有助于用科学的理论武装人、正确的方法教育人。实践教学，作为思想政治理论课教学的有效实现形式，理应坚持思想政治理论课的方向性、思想性和科学性，并将三者有机结合起来，才能为思想政治理论课实践教学的良性运行提供基础性前提与条件。

二、坚持实效性、时代性与创新性相结合的原则③

实效性，通常是指在实践活动中所确立的预期目标与实践活动中所取得的客观结果之间的张力关系，是实践活动中的结果对于目标是否实现以及其实现的程度，也就是指实际效果问题或实际效益问题。它要求思想政治理论课的实践教学应该取得一定的教学效果，这种效果既可以表现在帮助当代大

---

①方向性、思想性和科学性相统一的原则，是高校思想政治理论课课程的性质特征的直接体现，是在组织和实施思想政治理论课实践教学的过程中需要坚持的首要原则。

②以社会主义理论信念教育为第一要务，以社会主义核心价值观为核心内容，积极引导大学生树立正确的世界观、人生观和价值观，增强其对马克思主义、社会主义、中国特色社会主义道路的深入理解。

③实效性、时代性与创新性相统一的原则，是实现高校思想政治理论课教育教学目标的必然要求，是思想政治理论课实践教学应该遵循的原则之一。

学生理解和领会马克思主义的基本理论和增强受教育者对马克思主义理论的认同感，也可以表现在提高当代大学生分析问题、解决问题的能力和思想政治素质等方面。时代性是强调思想政治理论课的实践教学必须与时代同行，符合时代的发展要求，充分体现当今的鲜明时代特色。在和平与发展成为时代主题的条件下，经济全球化以及政治多极化的趋势在加速发展，一些不确定的因素也在增加；同时，我国正处于改革的深水区、发展的关键期和社会矛盾的凸显期，在这一阶段中，各种思想观念相互交织、不断碰撞，带来诸多这样那样的新问题；实践教学只有紧跟时代的步伐，与时俱进，才能更容易引导当代大学生接受现实事物和提高其正确分析、解决现实问题的能力。创新是一个国家和民族兴旺发达的不竭动力所在，思想政治理论课教学是为我国社会主义现代化建设培养合格人才服务的，这就要求思想政治理论课的实践教学也必须具有创新性的特征。只有不断创新，思想政治理论课的实践教学才能不断实现其教学活动方式、活动载体、教学理念、评价机制等方面的创新，使得教学活动更加贴近当代大学生的生活思想实际，不断提高思想政治理论课教学的实效性。由以上可以看出，实效性、时代性与创新性是相互统一的整体，三者能够有效地确保思想政治理论课实践教学的强大生命力。因此，坚持实效性、时代性与创新性相结合，是思想政治理论课的实践教学必须坚持的重要原则。

三、坚持覆盖性、针对性与安全性相结合的原则①

覆盖性是指教师在组织实践教学的过程中，引导尽可能多的学生积极参与到实践教学活动中来，让学生在实践活动中接受教育进而提升自己的综合素质与能力，而绝不是仅仅让极少数学生参与实践活动，将实践教学活动变为少数精英学生的“精彩表演”。换言之，覆盖性着重强调参与实践教学活动的学生数量是多数而不是少数，充分体现了教育的公平性原则。针对性是从

①覆盖性、针对性与安全性相结合的原则是从实践教学的内容层面对思想政治理论课实践教学提出的一个基本要求。

学生需求的角度对思想政治理论课实践教学提出的要求，是指实践教学的设计要以学生为本，充分考虑学生的不同情况，比如年级、专业、民族、性别、成长背景、性格特征等不同方面，力争使学生在实践教学过程中都能够接受他们内心所需要的各种教育和锻炼，使其健康地成长成才。安全性是一切教学活动都要遵循的重要原则，特别是在社会实践教学过程中，确保师生的安全则更是处于第一位的要素，确定安全负责人、制定相关安全制度、做好应对突发情况的相关预案等显得尤为重要。这就是说，坚持覆盖性、针对性与安全性相结合的原则，也是适合思想政治理论课实践教学发展的内在要求的重要原则。

四、坚持指导性、主体性与整体性相结合的原则①

指导性贯穿在整个实践教学活动之中，它是指教师作为实践教学活动的组织者和负责人，对包括实践主题的选择、实践过程的确定、实践活动的具体展开、实践活动的分析总结等在内的实践环节进行指导，确保实践教学活动在方向、方法、内容等方面的正确性，并及时纠正教学过程中出现的各种思想偏差。主体性强调形式的主体地位，它是指在整个实践教学过程中，学生不仅是接受知识与教育的客体，而且还是自我认识与自我教育的客体，是整个实践教学活动的具体实施者、执行者：教师要及时、多方面地听取学生的建议和意见，在尊重学生的个性与创造性的基础上，充分发挥其指导作用来实现师生双方之间的良性互动，而不是包办一切，搞“一言堂”。整体性是指思想政治理论课实践教学是一个具有特定的结构和功能的有机整体，可以从基本结构、类型结构、目标结构、运行结构、功能结构等不同层面表现出来。② 实践教学要充分考虑到校内校外的所有资源，做到统筹安排、分工合作、优势互

①坚持指导性、主体性与整体性相结合的原则，是高校思想政治理论课实践教学的内在要求。

②比如，从基本结构来看，思想政治理论课的实践教学包括实践教学的主体、客体以及中介体等要素：从运行结构来看，思想政治理论课的实践教学包括实践教学的方案设计、组织实施、反馈调节、考核评价等方面。

补、资源共享、整体推进。只有从整体上合理安排各个要素,形成合力,才能有效地推动中学思想政治理论课实践教学的良性、可持续发展。因此,指导性、主体性与整体性相结合,也是在思想政治理论课的实践教学中需要坚持的一个重要原则。

五、坚持同步性、代表性与可操作性相结合的原则①

同步性是指实践教学的内容必须与课堂理论教学的内容保持一致,让学生在参与实践活动中寻求、理解课堂所学的理论知识,同时又带着从实践中获得的直接感受重返课堂以丰富所学的理论或追求更多的理论知识,真正学会用理论指导实践,用实践检验、提升理论,将理论与实践有机结合起来。代表性是指思想政治理论课实践教学的内容选择要具有典型性。一般来说,思想政治理论课实践教学的资源是相当丰富的,但是由于经费、时间等条件的限制,实践教学不可能将所有资源都纳入教学活动中来,这就需要在各种资源中按照是否具有较高的思想价值、是否具有明确的教育目的等标准进行取舍,选出具有典型性的人物、事例、场所等作为实践教学的使用资源。可操作性,是指具备充足的条件确保已选择的实践教学活动的顺利实施。实践教学活动方式的选择,要紧紧围绕教学内容的同时,还要顾及实践教学活动中所需的资金、物力等已具有可靠的保障,有助于思想政治理论课实践教学的有效开展;离开了可操作性,实践教学方案是无法真正组织实施的,这样的实践教学不仅流于形式,还会引起学生厌烦、抵触情绪,直接影响到思想政治理论课教育教学的实际效果。坚持同步性、代表性与可操作性相结合的原则,能够使思想政治理论课的实践教学围绕理论教学内容有效地组织实施,从而促进思想政治理论课教学质量的不断提高。

六、坚持联系学生、联系教师与联系社会相结合的原则

在思想政治理论课实践教学过程中,联系学生、联系教师与联系社会相

①同步性、代表性与可操作性相结合的原则,是从实践教学的内容层面上对思想政治理论课实践教学提出的具体要求。

结合的原则也是需要坚持的一个重要原则。实践教学是否能够搞得好，往往与是否贴近学生实际、贴近教师实际、贴近社会实际有很大的关系，这就是说实践教学很多活动的组织实施要建立在了解学生、教师和社会实际的基础之上。学生是实践教学的主要参与者，了解学生主要体现在了解学生的生活、学习、思想状况、性格特征、认知能力等方面，在充分了解和掌握学生实际的情况下从学生身心发展的客观规律出发有目的有选择地确定实践教学活动的主题，比如学生普遍关心的问题或是在实际生活中碰到的一些问题，让学生在实践中感受到课堂所学知识的有用性、正确性和科学性，消除他们所认为的政治理论“高高在上”的错觉，自觉将理论内化为他们的信念，并进一步外化为他们的行为准则。教师是实践教学活动的指导者和组织者，教师的自身素质如何直接制约着思想政治理论课实践教学的实际效果；如果思想政治理论课教师的思想道德素质、理论水平以及社会责任感都较高的话，他们就能够以饱满的热情投入到整个教学活动中去，那么相应的教学的实际效果也就较高；反之，教学的实际效果也就较差；搞好思想政治理论课实践教学就要求关注教师的实际情况，包括严格选拔程序，加大培训力度，解决实际问题，为教师有效地组织实施实践教学创造必要的条件。联系社会就是要求实践教学要与历史和现实紧密地结合起来，绝不能孤立地脱离现存的社会。当前，国际形势在深入发展，我国的改革开放在加速推进，诸多新的矛盾和问题涌现出来。如何引导当代大学生正确面对这些新矛盾、新问题，是思想政治理论课实践教学应关注的现实课题；实践教学只有密切联系社会实际，才能帮助当代大学生运用所学理论知识理性分析各种社会现象，使其思想逐步得到升华，树立起科学的世界观、人生观和价值观。因此，坚持联系学生、联系教师与联系社会相结合的原则，是在尊重社会历史实际的基础上通过充分调动学生和教师的积极性、主动性和创造性来不断提升思想政治理论课教育教学效果的内在要求，是思想政治理论课实践教学过程中需要遵循的重要原则。

第五节　影响中学思想政治理论课教学质量评价的因素

中学思想政治理论课教育教学现状和教学质量评价问题的主要原因既有社会、学校等外部环境因素的影响，也有思想政治理论课教师教学中存在的一些内部因素的影响。

一、社会主义市场经济的挑战

改革开放和社会主义市场经济体制的建立为我国中学思想政治理论课教学带来严峻的挑战。一方面，改革开放带来了西方的社会思潮和价值理念，使得我国人民尤其是青年中学生群体的思想价值观念、理想信念以及生活方式和思维方式都出现了许多新的变化，呈现出多元化的趋势。再加上社会转型时期凸显出的一系列社会问题，尤其在党风、社会风气方面都存在着的一些消极阴暗面，与学校教育和思想政治理论课教学内容形成了强烈的对比和反差，对中学生群体造成了极大的冲击，难以真正地认同思想政治理论课的教学内容和马克思主义理想信念。另一方面很多中学迎合社会主义市场经济建设的需求而普遍比较“务实”：重专业轻基础，重科研轻教学等，不重视思想政治理论课等基础学科和人文教育的作用，也影响到学生对待基础理论课尤其是思想政治理论课的态度。目前高等教育对毕业生在英语和计算机等级方面的硬性规定促使很多学生把精力主要放在拿一些专业证书和等级证书方面，而不重视基础理论课的学习，对于思想政治理论课应付了事，甚至认为无足轻重、只要有学分就行的观念。

二、教学实践中难以应用

我国思想教育有着悠久的历史和特色，我们党的思想政治理论工作和中学思想政治理论课也积累了丰富的内容和经验，在培养社会主义建设优秀人才方面起到了不可磨灭的贡献。其强大的生命力和活力在于它的内容的实践性、科学性和发展性。但目前中学扩招、教育产业化的发展，中学思想政治理论课的实际教学实践却越来越缺乏活力和生命力。

其原因无非在于教学内容和教学方法等方面没有与时俱进、做不到理论联系实际。中华人民共和国成立后我国中学思想政治理论课教材建设滞后于专业发展。思想政治理论课教学内容和目标要求决定了其自成系统，要求一定的稳定性和连贯性，再加上我国过去的政治形势要求也难以及时更新，因此思想政治理论课教学内容在理论上往往无法创新，在教学上联系实际也比较慎重，无法及时地解答和分析社会主义建设中的重大思想理论问题，对于社会实践中的一些问题和学生的思想困惑也难以及时引导和教育。“05”方案实施以来，教材内容有了很大调整，注重了整体性和连贯性，但是在实际教学实践中由于课时的减少和评价体系的不完善，又导致实际教学效果难以体现出新课程的优势和作用。

三、自身建设困难

随着社会信息化和互联网络的不断发展，中学生自己经过各种传媒途径掌握到大量的信息，但是学生在信息的分析和整理上存在一定的偏颇性，导致学生的思想越来越复杂性，而思想政治理论教育教学评价的要求和手段却没有太大的变动，跟不上学生实际的变化。另外在实际教学中，一些思想政治理论教师往往又只准备教材上的内容，只强调完成教学任务、忽视学生思想实际，理论灌输多，分析现实少，不联系社会现实和学生思想实际，甚至对于学生情况不闻不问，从而使中学生对教师和教学没有热情，没有亲近感。更多的学生转向网络和各种论坛去试图自己解答思想困惑，而在网络和各种论坛上又充斥着各种各样的“现实主义”的论调甚至是完全错误的观念，使得本来就受影响的思想政治理论课更是被忽视甚至被无视。

第六节　构建中学思想政治理论课教学质量评价体系的策略

任何一门课程的教学目标都有该门课程教学活动的出发点和最终归宿，是确定其教学质量评价指标的依据，所以确定明确科学、具有可操作性的教学目标是构建教学质量评价体系的前提基础和有效保证。

我国教育目标及教学质量评价体系中更多地关注了认知领域的目标分类而相对忽视了情感领域和动作领域的测量和评价。直接导致了我们的教学质量评价体系的不完善和不准确。学习心理学家加涅认为教学活动所追求的目标就是形成学生的五种能力：智力技能、认知策略、言语信息、运动和态度，在本质上也包含了认知、情感和动作技能三方面。在确定教学目标和教学质量评价的指标体系上注重整合性、科学性和动态发展性，要避免过去只注重智力测试而忽视行为和情感方面的做法。

根据教育理论和教学评价的相关理论和观点，教学质量评价侧重点在于：教师教学质量的评价、学生学习成长质量的评价、教学环境条件的评价以及教学目标与学生学习效能的一致性评价。教师教学质量的评价以教师及其教学活动为主要评价对象，重视教师教学能力和教学质量完成效果的评价，其目的在于促进教师教育教学能力的提升和教学实效性的增加。教师教学质量的评价以课堂教学质量评价为核心，兼顾教学基本功、教学能力和辅导等方面，一般以学生评教和同行与专家评价为主要形式，以学生认可程度和学生学业成绩为衡量指标。学生学习成长质量的评价以学生思想道德素养和学习活动为主要评价对象，注重学生学习结果的同时也要关注学生思想政治状况和发展水平的评价，其目的在于促进学生的全面发展。教学环境条件的评价则是考虑到教育教学环境对于学生成长的潜在影响，包括校园文化建设、教学硬件条件以及各种学生社团活动组织等因素。一方面有利于我们全面把握学校的育人环境，一方面也对于学生完成社会化和全面发展产生深刻的影响。教学目标与学生学习效能的一致性评价是一种总结性评价，需要把师生学年总结评价和毕业总评结合起来,全面把握教育教学目标的定位、教学目标的分解以及学生的学业成长和思想政治素养的结合程度,评价的目的在于进一步完善课程目标、教材内容和教学方法等相关内容。

首先,思想上要重视教学质量评价,制定科学合理的教学质量评价指标体系,完善教学质量评价的各个环节和程序。过去思想政治理论课的考察评价和其他专业一样侧重于成绩考核,难以有效地发挥促进学生成长的作用。改变纯理论的考核方式,建立科学的、综合性的评价体系势在必行。比如学生质量评价方面要改变过去单纯的纸笔考试形式,把纸笔考试和平时课堂表现以及其他组织活动和学生互评结合起来,使评价贯穿学生学习生活的整个过程而不仅仅是课堂学习,真正发挥评价对学生成长的促进作用;教师教学质量评价也不要仅限于课堂教学评价,也要增加科研水平评价和教师对学生的课外辅导和影响力评价等等内容,以真正督促教师关心学生,真正做到教书育人,而不是仅仅关注教学任务的完成;等等。中学思想政治理论课教学质量评价是一项科学性、应用性和操作性很强的工作。各中学要从本校实际出发,结合学校定位和师生情况制订合理的评价指标,构建科学合理的教学质量评价体系。既要体现出思想政治理论课独有的教育特点和教学规律,充分考虑新课程内容和教学的要求,又要关注新课改与现有教师队伍状况的适应,注意思想政治理论课自身的衔接和相互关联,还要关注思想政治理论课与其他专业之间的相互影响,突出整合性。

其次,构建思想政治理论课教师教学质量评价体系要注重评价的导向性和可行性。思想政治理论课教学的最终目标是让学生真懂、真信、真用马克思主义,把马克思主义基本原理内化为中学生的政治信仰和实际行动,真正运用马克思主义来指引自己的社会实践和人生发展,把学生培养成为社会主义建设事业所需的优秀人才。因此在制定教学质量评价体系的指标时,必须注重通过评价真正影响到学生的世界观、人生观的转变以及正确的世界观、人生观的树立。

再次,健全灵活多样的评价方式。根据教学质量评价的基本理论和指标体系,中学思想政治理论课教学质量评价一般包括领导考核、教务管理人员评价、专家评教、学生评教、教师同行评教和教师自我评教等相结合的方法。

思想政治理论课教学不是单一的政治课,也不是单纯的理论课,而是一门融思想道德水平教育、政治理论素养提升以及社会实践发展为一体的全面发展教育,是具有极强实践性的理论课。因此其教学质量评价既要关注教学内容的科学性、理论性,更要注重学生实际思想道德水平和政治素质的提升。作为评价主体的领导、专家以及教务管理人员和教师同行,都必须具有扎实的思想政治理论基础,尤其是领导、专业同行和思想政治理论课专家,具有较高的马克思主义理论修养和丰富的从教经验,是教学评价能否有效的关键。领导、专家、同行的评价应当是综合的、全面的,既要有教学目的、教学内容的评价,又要测评教师教学方法、教学手段和教育教学的实效性。对思想政治理论课教师进行全面的考核和评价。学生评教评学则利用指标细化的测评表和书面意见对教师教学和课外活动进行较深层次的测评和反馈。教师自评也是很重要的一环,过去很少重视任课教师的自我评价,使得教师难以真正接受监督测评。教师自评有利于教师平常进行自我管理和自我激励,也便于教师的自我认同和自我监督。所有评价主体的评价活动都要注重连贯性和整体性。

最后,构建完善的中学思想政治理论课教学质量评价体系。目前关于中学教学质量评价的相关论文论著,较少专门研究个别学科的教学质量评价问题——尤其是中学思想政治理论课教学质量评价,由于种种原因,很多教学质量体系研究知识略微涉及思想政治理论学科教学质量问题,即便涉及也是阐述得比较笼统、模糊,没有突出思想政治理论课的教育特色,缺乏相应的针对性。

中学思想政治理论课教学质量评价体系同样应该包括教学基本规范评价、教学质量水平评价、教学实效性评价等内容。教学基本规范评价是对整个教学活动的基本程序给出一个明确规定。比如课前教学准备、相关的教学文件(课程大纲、教学计划、教学日历、备课资料和多媒体课件);课堂教学设计(教学目的、教材内容、板书规划、课堂进度、讨论与练习、目的达成程度预期);课后学生学习记录、教学自评等要求教师有明确清晰的书面材料以建设完整的规范教学档案，也便于教师进行自我评价和作为同行专家评价的依据。教学质量水平评价则主要有专家、同行和学生评教评学来完成。专家和教师同行通过多种渠道——不定期听评课、观摩课、学生意见反馈、期中期末综合评教评学等及时掌握和反馈教师的教学内容和教法选择以及教学效果和水平。教学实效性评价难度较大，尤其是思想政治理论课教学实效性往往不易量化，但也可以利用部分可量化的指标比如学生成绩测定和心理成熟测量表，再结合评教评学进行综合性测评分析，利用专家、同行、学生以及教务管理人员和辅导员队伍等不同评价主体评价权数的相加，可以有效地衡量每一位教师的教学水平和教学效果。

但是，在一般教学质量评价指标体系的基础上中学思想政治理论课教学质量评价体系还应该突出思想政治理论课的独特特点和要求。具体来讲我们认为应该从以下几点重点考虑：

一是从根本上来讲，一支拥有坚定的思想理论素质和马克思主义政治信仰、拥有高超的思想政治教学方法和教育水平的思想政治理论课教师队伍和思想政治教育工作者，是教学质量评价体系建设的必备前提。中学生思想政治理论素质和价值观信仰等的确立和提高，归根结底离不开教师和中学辅导员以及党政干部等队伍的工作，归根结底是一种人与人之间的交流与沟通，这支队伍的思想政治素质、业务水平以及教育沟通技巧和方法等直接决定着思想政治理论教学质量的水平。因此，必须注重系统培养和提升思想政治理论课教师队伍和相关思想政治教育工作者的政治觉悟、思想素质和业务能力，强化其对自身工作重要性的认识、提升其对自身工作的责任感和积极主动精神。

二是思想政治理论课教学质量评价指标体系在评价内容和评价方式上注重目标性评价和过程性评价的结合。不同于其他专业学科教学，思想政治理论课教育教学不仅要实现学生认知领域的知识性目标，更加重要的是设计到思想道德、政治信念、人生价值观等领域的目标、知情意行的密切结合。很多目标要求不可能通过单一的学习成绩来进行评价和衡量，因此在思想政治理论课教学质量评价中必须把学生学习成绩与日常思想行为结合起来。注重教学过程和社会实践环节的过程性评价指标和体系建设，在教学质量评价指标体系的考察中要更加关注学生的成长表现、教学过程中的比较性对比成效等，注重学生在学习生活中的精神状态和思想观念方面的动态性变化发展，以确保学生在掌握马克思主义基本理论的基础上同步提升自身的思想道德水平和政治觉悟，以确立坚定的马克思主义信仰和对社会主义事业的信心。

三是注重突出理论性灌输教学和思想政治教育、学生思想政治素质的实际情况之间的实效性评价，把理论灌输和解决学生思想、政治信仰理念等实际问题结合起来，促进学生的思想进步，确保思想政治教育理论课的真正目标的完成。在教学质量评价体系中体现这一精神原则也能引导、促进教师与学生之间的交流、沟通，促使教师自觉关心学生的思想状况和政治态度，密切师生关系，切实营造中学生心理健康发展。

我们相信，随着我国思想政治理论课课程改革的深入发展和教学实践，思想政治理论课教学质量评价体系的发展和实践会越来越完善，在思想政治理论教育中发挥出其应有的效果。

第六章 新媒体视野下中学思想政治教育前沿问题与策略研究

改革开放以来,我国在各方面都取得了前所未有的成就,借助改革开放这股春风,学校中学生的思想政治教育也取得了长足的发展。与此同时,伴随着社会主义市场经济的纵深发展,特别是新媒体技术的无限扩展,使得学校领域的各种思想相互碰撞,直接或间接地影响着中学生思想道德素质、政治素质以及心理素质的健康发展与提高,这种局面的产生与形成使得学校思想政治工作面临着严峻的挑战。所以研究和分析新媒体背景下学校思想政治教育的内容显得非常必要,具有重要的现实意义。

第一节 中学思想政治教育内容存在的前沿问题

一、思想观念与新媒体时代思想政治教育的地位作用不相适应

在新媒体背景下,思想政治教育的地位作用显得愈来愈重要,当然也迫切需要确立与之相适应的思想观念。新媒体时代的发展,给学校思想政治教育工作带来了机遇和挑战,思想政治教育的内容在新媒体技术下的发展的问题也随之而出。

目前,有些学校的思想政治内容比较陈旧,思想政治内容比较滞后,这种内容的陈旧性和发展的滞后性与新媒体下中学生的思想已经脱节,给学校思

想政治教育的发展产生了极大的阻碍，导致学校很难适应和满足时代发展要求。学校思想政治教育内容的滞后性主要表现在以下几个方面。一方面表现为学校思想政治课堂教育的滞后性，学校思想政治教育者为了便于教学，在教学过程中，沿用许久之前的课件进行课堂教学，这的确可以省去教师备课的时间，却也导致了教学内容不能与时代接轨，最终致使课堂教学索然无味，影响中学生学习的积极性，直接影响了学校思想政治教育的效果。另一方面表现为学校思想政治教材的滞后性，这种滞后性表现为思想政治教材更多的是呈现理论性，缺少案例性。理论性由于缺乏实践意义和趣味性，更多的是枯燥的理性知识，因此被学校中学生“束之高阁”，这拉开了“理论”的距离，使得思想政治教学的效果比较低下。由于缺少案例性，使得实际的教学活动不能更好地和现实生活接轨，这就容易导致中学生产生思想政治课无用论的想法。这种重理论轻实践的学校思想政治教育内容也给学校发展带来了一定的负面影响，使得学校思想政治教育工作有效性大打折扣。

新媒体的快速发展给学校思想政治教育领域带来了不少挑战，学校思想政治教育内容还面临着发展的滞后性。这种发展的滞后性表现为学校思想政治教育内容滞后于社会经济发展，不能很好地与社会经济发展相适应；滞后于国内外形势的发展和变化，不能紧跟时代发展潮流而墨守成规，一味地故步自封。就目前学校的思想政治教育的内容来看，中学生的思想政治教育内容缺乏与新媒体技术相关的道德、伦理教育。面对科学技术的迅猛发展，思想政治教育内容的缺失，特别是针对网络的道德教育的缺失，使得学校思想政治教育有失全面，很难适应新媒体迅速普及的新形势，很难达到学校思想政治教育的要求。

二、教育内容与新时期思想政治教育的基本任务不相适应，教育内容偏“远”，针对性不强

适应新媒体时代发展要求，是学校思想政治教育的原则性要求，但是在实际的发展过程中，学校思想政治教育很难做到与时俱进。一方面，一些学校思想政治教育搞“一刀切”，盲目地进行思想政治教育活动，使得思想教育

的内容不能做到从实际出发，很难实事求是。学校思想政治教育内容应该也必须与自身实际相结合。同时，学校在开展思想政治教育的过程中，过分强调形式，不注重思想政治教育内容，缺乏针对性。在制定思想政治教育活动计划时，安排上下“一般粗”，组织教育不分层次搞“一锅煮”，致使教育内容远离形势，任务需要和中学生现实思想相脱节。另一方面，学校思想政治教育的内容缺乏系统性，内容偏向于“杂”“窄”“难”，这样更加不利于学校思想政治工作的有效、有序开展。学校思想政治教育内容缺乏系统性指的就是内容零散化、随意化比较明显。学校在开展思想政治教育过程中，总是试图通过增加所谓“特色”内容，突出其思想政治教育工作的特色，但是在实际操作中却“因小失大”，“顾此失彼”，这样削弱了教育的系统性和完整性，失掉了对学校思想政治教育的本质性认识，冲淡了学校思想政治教育精心设置的重点教育，也冲击了正常的教育秩序，使中学生不堪重负，难以承受。相反，由于添加的所谓特色内容处于思想政治教育的边缘，这样使得学校思想政治教育工作的效果难以达成。面对繁杂的教育任务，中学生只能疲于应付，难以顾及质量和效果，出现了一堂课讲多个内容的“拼凑性教育”、半小时算一天的“压缩性教育”。学校思想政治教育内容“杂”“窄”“难”，缺乏创新性。学校思想政治教育内容由于过分强调理论，使得中学生在接受教育的过程中普遍感到“难”，难以理解，难以接受；由于学校思想政治教育内容的创新性相对缺乏，当前的教育内容依然固守在传统的思想政治内涵上，缺乏网络层次、实践层次的内容，使得涵盖面比较窄，不能适应新媒体时代社会发展的需要，不能适应学校思想政治教育发展的要求；当前各个学校的思想政治教育都在打“特色”这一噱头，这使得学校思想政治教育的内容因“特色”而变得“特色”，教育内容多而杂。

三、学校思想政治教育内容之间、部分与整体之间关系处理不当

思想政治教育内容是由思想教育、道德教育、政治教育、法制教育、心理健康教育等部分构成的一个稳定的内容系统：学校思想政治教育工作要想取得创新，则必须加强现有的思想，政治教育内容各个部分之间的联系、渗透、

互补与融合,注重部分与整体之间的关系,通过构建部分的稳定性促进整体稳定性的发挥,实现整体优化、协调发展,发挥内容的合力作用。构成思想政治教育内容的部分之间存在的问题表现在以下几个方面:一是重点内容“唯一化”,思想教育内容中的重点部分内容虽然很突出,主次关系也很明确,但在实施教育内容过程中,把思想政治的重点内容变成了唯一的内容,用重点内容代替其他方面的教育内容,造成了内容体系的不完整和内容结构的片面性缺陷,五项内容之间没有相互结合、渗透,这样使得学校思想政治的内容在部分缺失的同时也造成了中学生对思想政治教育工作的疑虑。二是思想政治教育内容的各个部分在整体中的地位和角色不明确,各部分的重点不突出,主次地位不清晰,在实际的思想政治教育过程中主次颠倒,用相对次要的教育内容冲淡乃至代替主要的教育内容。

加强学校思想政治教育内容之间的联系性,增强学校思想政治教育工作部分与整体之间的联系,还必须做到以下几点。一是学校思想政治教育内容应该“合目的性”,合目的性是指思想政治教育内容(各个部分内容)必须适应社会实践发展的需要和促进人的全面发展,各个部分内容在进行教育时应该彼此兼顾,重点突出、特色有序。二是要求学校思想政治教育者要增强“合力”意识,通过主动干预,让彼此关联性差的教育内容能够围绕某一主题展开,增强内容之间的“兼容性”。

四、学校思想政治教育内容与教育主体不对等

目前来看,部分学校在进行思想政治教育过程中,对思想政治教育内容没能细化,而是直接地“一刀切”式的进行。在教育过程中,没能考量思想政治受教育者的个体性特点。学校思想政治教育的内容应该具有明显的层次性。这种层次性可以通过针对不同受教育主体实施不同教育内容来体现。例如按照年级层次进行思想政治教育内容的分层。对初中一年级学生可以进行新生入学教育,涵盖思想政治教育中的中学生道德、中学生适应心理等方面开展教育;对于毕业的学生可以围绕“毕业”教育展开,可以进行就业心理、职业道德等思想道德教育的渗入。

五、学校思想政治教育内容的说服力不强

说教是学校思想政治教育的惯用手段，而说服教育效果的大小取决于思想政治内容说服力的强弱，这是因为说服教育的手段是以思想政治教育内容为蓝本的。在新媒体时代，使得中学生信息获取渠道多样化，心理发展多元化，靠着传统的思想教育的内容很难驾驭学校中学生的思想，这就显得学校思想政治的说服力明显下降。

第二节　新媒体给中学思想政治工作带来的挑战

新媒体时代，信息的自由传播扰乱了信息传播的环境，容易造成媒体的失范，使得个人隐私、伦理道德、信息安全等一系列问题频频出现，这一切很容易对学校中学生的思想、道德、政治观念产生负面影响，对学校思想政治教育工作带来了极大的挑战。

随着我国互联网时代的到来，网络越来越受欢迎，尤其是年轻人眼中的互联网就是思想交流的工具，在如今的网络时代，我们不得不承认网络是社会思想交锋的前沿阵地，网络具有流通速度快、覆盖面广、省时省力的特点，不仅可以节约成本，还能让世界各地都能看到。其中，网络焦点问题也是备受社会关注，但同时，新媒体的思想政治工作也带来了挑战，对于中学思想政治工作来说，网络舆情已经成为思想政治教育工作者了解社会思想的主要辅助工具，因此，网络舆情，把握社会动态，引领舆情方向已经成为学校思想政治教育工作者面临的主要工作。

新媒体技术正在时时刻刻地改变着学校中学生的生活、学习方式，这一技术的应用成为改变中学生行为模式的一大重要因素。新时代，新媒体的普及和应用给学校的思想政治教育提出了新课题，对新时期的学校思想政治教育工作提出了新的挑战。

一、新媒体对意识形态提出挑战

随着我国新媒体技术的发展，利用新媒体的特点，我国可以利用西方国家新媒体授课的先进技术，将我国的“意识形态”向学生渗透。这种渗透包括了以下几方面：

一是借鉴西方化的世界观、人生观、价值观。主要是借鉴了西方国家在生活方式上的优势，对我国中学生进行引导，毕竟中西方的文化差异很大，只能从生活方式上简单地开始传授，新媒体技术的发展，加快了我国教育对西方文化的理解和参透。

二是根据目前对西方国家的了解，西方国家善于利用新媒体技术进行宣传，这种宣传不仅带来了正面力量，同时也带来了负面影响。负面影响主要表现为对各个国家的“舆论战”，借助新媒体大肆宣扬、肆意炒作、攻击和诽谤，影响了他国在国际上的声誉。我国面临这种负面影响，对教授学生的过程中，要有度的把握，因为初中生，心智发育不稳定，对事物的态度不客观，不会分析事物，不会通过事物的表面现象看到事物的本质，没有自己客观的判断。总之，新媒体技术，是一把双刃剑，教师工作者要利用好双刃剑。

三是还有最重要的一方面是，中西方可以利用新媒体技术作为思想“渗透”的工具，传播各自的“文明”。从这个意义上讲，新媒体从外部环境上对我国现时的学校思想政治教育工作提出的挑战是严峻的。

尽管新媒体既不姓“社”也不姓“资”，但与网络发展相伴相随的是西方文化的渗透。据不完全统计，互联网上以英文的主页为主体的，占据了95%，中文的网站不足1%，这就意味着以美国为首的西方发达国家垄断着互联网上的信息资源，最大程度上掌控着信息的传播权，并以此进行信息“垄断化”处理。对信息传播具有极大的控制力和影响力，并据此在世界范围内宣扬西方的意识形态、政治制度、价值观念、文化思想，尤其对社会主义国家力度更大。西方国家对我们实行的“西化”和“分化”，冲击着我们的思想阵地，社会主义社会正面临着一种文化上的新殖民主义的挑战。因此，在网络环境治理中，要高度重视中学生受西方影响而产生的思想意识、价值观念、行为准则的“西化”和异化问题。新媒体的发展使境内外反动势力异常活跃,他们利用新媒体技术的信息传播优势,极力地对我国学校进行反动言论的渗透,对学校中学生“心理防线”进行着不断的攻击和打压,更有甚者,一些破坏分子直接攻击学校网站,大张旗鼓地宣扬反党、反社会主义言论。网络安全的形势异常险峻,这一切“渗透、攻击和打压”严重冲击着学校思想政治教育健康发展的步伐,对传统的信息内容进行传播,在传播过程中一定要注意传播工作的重点,尤其是要以马克思主义的传播发展和思想文化阵地的构建为重点,这种极其困难的工作,对于思想教育传播来说是一项挑战。

诚然,中学生正是需要在教师的帮助下,树立正确的世界观、人生观、价值观,对各方面的信息都要有正确的判断,这也是初中生最薄弱的环节。所以如果长期接触互联网,很容易受到网络上“西化”思想的冲击和影响,从而导致其民族观念和爱国主义思想观念的淡薄。毋庸置疑的是,西方国家利用互联网的优势,对我国进行思想文化和政治意识的渗透、攻击和打压是不会停息的。我们务必高度重视,万万不可粗心大意。

新媒体时代意识形态领域所面临的工作具有挑战性,这种挑战性的工作所面临的现状主要有:

一是具有目标明确性。现如今,新媒体给我们带来了:①中学生对党的任务淡化,对思想政治教育的核心没有正确的认识;②西方国家的“腐败”现象引入了中学生的脑子里;③新媒体各种语言的传播,对领袖“丑化”等。我国的教育工作者面对这样的局面,应该通过意识形态,渗透马克思主义思想,最终达到中学生理想信念“强化”,改掉以往的偏见,并教会中学生正确的信仰,树立正确的思想观念等。

二是内容具有戏剧性。西方国家提出的一些号召,虽然表面看起来是具有正能量的传播,但所谓的“司法独立”“民主宪政”等,是加重了宣传,是对社会矛盾的恶意炒作,提出的一些政见主张运动口号,具有极强的蛊惑性、煽动性。

三是多样化的渠道。如果想要了解西方价值观念,我们的渠道有很多种,如可以通过网络站点的播放、可以通过影视剧的播放、可以直接交流合作、可以学术问题的探讨等。通过中西方人际交往，就可以了解中西方的文化差异，当然了，这种了解只是停留在表面上的，还有深层的我们不了解，如西方人在工作方式、教育问题等，都和我国有明显的差异。

二、新媒体对中学生健康成长教育提出挑战

新媒体是在数字技术和网络技术的基础之上延伸出来的各种媒体形式。新媒体的出现对中学生的思想政治教育提出了一系列新的课题，特别是以互联网和手机短信为典型代表的新媒体在中学生中的流行，使中学生的交往方式、学习手段等出现了新的变化。与之相应，思想政治教育者必须转变教育理念，学会利用新媒体的信息优势，只有这样，才能行之有效地应对新媒体时代的思想政治教育。

新媒体背景下，新媒体不良信息的侵袭导致了学校中学生各种心理问题日益突出，严重影响了广大中学生的身心健康。新媒体不良信息对中学生思想政治教育的消极影响是多方面的，主要体现在以下几个方面：

第一，来自西方资产阶级的人生观、价值观、道德观的侵袭。西方大国充分利用其信息传播的先进技术，极力宣扬自身“优越”的意识形态、政治制度、文化思想，尤其对广大发展中国家，特别是我们社会主义国家影响甚大。而学校中学生的世界观、人生观、价值观正值成长期，可塑性强，很容易受网上不符合我国国情的思潮影响，从而导致我国中学生形成偏颇甚至错误的世界观、人生观、价值观及道德观，对中学生的健康成长产生不利的影响。

第二，学生的心理的健康成长受到了一定的打击。由于学生对外界的诱惑没有抵抗力，在初中期间出现普遍现象是沉迷于网络，这将会给学生们带来一些症状，主要有：抑郁、失眠、精神不集中，严重的将会出现精神分裂等，再加上现阶段的学生大多是青春叛逆期，由于家长教育不妥当，将会导致学生抽烟、喝酒，甚至走上吸毒的道路。

由于新媒体的不良信息会使学生很难认清自我价值所在，很难用正确的价值观去判断正确的事情和错误的事情，很难与人和谐相处，当然了，也不会更好地控制好自己的情绪。更有甚者，把新媒体作为自己宣泄情绪和违法乱

纪的平台,走上了网络犯罪的不归之路。心理上出了问题,心理上丧失了自我,很容易导致中学生丧失正确的人生态度和信仰,对现实社会生活产生消极悲观情绪,这些都严重侵蚀着中学生的灵魂,导致中学生的心理不健全,影响中学生的全面发展。

第三,新媒体削弱了中学生的自制力和课堂学习能力。中学生的思想尚未成熟,自制能力差,新媒体的吸引力尤其是网络游戏和虚拟功能的存在,使部分中学生沉溺其中,自制能力不断下降。新媒体蕴藏海量的信息资源,使得部分接触新媒体信息的中学生自认为自己的知识储备差不多了,无须在课堂上认真听讲,从而导致做任何事情都不能集中注意力,精神涣散。

三、新媒体对学校思想政治教育方式、方法提出挑战

习近平总书记在全国宣传思想工作会议上指出,“明者因时而变,知者随事而制”。宣传思想工作创新,重点要抓好理念创新、手段创新、基层工作创新,努力以思想认识新飞跃打开工作新局面。

新媒体以信息资源的海量性、传播技术的数字化、传授双方的互动性、传播方式的多样化与个性化的特点,迅速被社会大众所接受和广泛使用。它在为人们提供便捷的信息服务的同时,也深刻地影响着人们的生活,使他们的思维模式、行为方式、心理意识等方面都发生了变化。目前,中学生已成为新媒体使用群体中的主力军。因此分析新媒体对中学生的影响,并且探索在新媒体环境下创新中学生思想政治教育的策略和方法,就显得尤为重要。

众所周知,新媒体时代学校传统的思想政治教育方式和方法已经远远不能满足学生发展要求。现如今的授课方式具有局限性,仅有知识的灌输、课堂的授课、交流座谈很少,这些传播方式缺乏互动,并不生动地将新媒体发挥得淋漓尽致。传统的学校思想政治教育的教育方式一般具有可控性的特点,教育者可以针对具体的问题提供有针对性的答案,方式简单有效,通过有意识地向中学生传播含有特定信息的内容,及时对学生进行思想政治教育,帮助学生解决思想上的问题,促进教育对象的思想发生转变。新媒体所进行的是多对多的教育方式,满足大多数中学生的学习需求,其方法也更具多样性,

更容易被中学生接受。新媒体的这些发展对学校传统思想政治教育方式和方法形成了一定的冲击。

四、新媒体对学校教师的话语权提出挑战

在传统媒体为主导的社会中,两个方面的原因促成了教师权威地位的凸显。一方面,知识的更新和流动速度慢,另一方面,知识具有相对的封闭性。

教师权威,即教师的教育权威,是学校教育权威的集中体现,是教师在教育过程中对学生产生的巨大影响力,从而使学生对教师表现出信赖和服从。当前教师权威面临很多挑战,包括网络和信息技术的发展、社会转型期价值观念的多元化、教育教学改革的深入、部分教师行为失当影响到教师的职业声望与社会评价等,这使得教师权威呈现出逐渐被淡化,甚至被消解的趋势。

新媒体对学校教师的话语权提出挑战。学校思想政治教育工作者素有“人类灵魂工程师”的称号,在中学生的心目中享有极高的声誉。但是随着社会的发展,信息的不对称性开始减弱。中学教师的专业性也开始受到不同程度的挑战。新媒体发展所形成的新的教育环境,使得在传统教育中独享的教师权威受到了挑战,教师权威赖以建立的基础不断被分裂、瓦解。新媒体时代教师的权威性开始渐渐褪色,沦落到不得不和网络分享权威的境地。新媒体时代使学校思想政治教育处于平等发展状态。学校思想政治教育工作者与中学生处于接收信息同一阶层,由于其接受能力低于中学生,所以甚至在接受信息时处于不利地位。基于这种认识,思想政治教育工作者的地位被撼动,原有的权威性光环褪色。基于此种状况,很多中学生开始怀疑学校教育者的教学能力,从而对学校教育者产生信任危机,出现课堂散乱无序,甚至不听讲的状况。

学校的思想政治教育是通过思想政治工作者进行的,思想政治工作者的素质直接影响到教育的效果。传统的思想政治教育,教育者处于一种权威的优势地位,一直给中学生一种知识广博的教育者印象。通过这种权威上的优势,思想政治教育工作者得到了受教育者的尊重、信任和支持,这样使得教育活动得以展开。在传统的思想政治教育的过程中,教育者比较容易树立权

威。在新媒体时代，学校思想政治教育工作者的这种地位得以终结，教育者的信息优势在逐步丧失，网络的交互性、平等性对思想政治工作者的权威性提出挑战。而且中学生的学习能力处于相对较强的时期，学习和接受信息知识的速度和能力都比较快，有些话题或信息可能会比学校教育者掌握得更加全面，导致学校教育者处于相对被动的地位，话语权地位遭到挑战。新媒体技术的特点就是受众之间的互动性。通过新媒体技术，中学生不再轻易接受思想政治工作者的灌输，而要求进行对话和交流。学生通过网络可以方便地查看到各种公开或内部信息及真假难辨的各种信息，而教育者有时候却处于信息劣势的境地。所以在教育过程中，容易出现这样的“荒诞情景”：学校思想政治教育者所说的“新鲜事物”学生早已知道，事物已不再新鲜了。而中学生嘴里传出的新名词和新鲜事，教育者却是闻所未闻，相比较之下，中学生对学校思想政治教育者的信任度和尊重度严重下降，使得思想政治教育工作者面临一个非常尴尬的境地。学校思想政治教育工作者作为学校思想政治教育的主体，有着角色规定和制度安排的话语权，但其话语权随着环境的变化而变化。网络时代，信息的传播途径、信息的多元化特色以及中学生的思想观念和行为方式都在深刻变化，学生在信息传播中的自主权明显增强。学校思想政治教育的话语权不再只为教育者所独有，学生也有了自己的话语权。学校思想政治教育工作者只有与时俱进，采取相适应的策略，才能提升自己话语权的影响力，进而增强中学生思想政治教育的实效性。

“老办法行不通，新办法不会用”是目前思想政治工作者的苦涩心声。互联网的迅猛发展对学校思想政治工作者的素质提出了新的更高的要求。作为思想政治教育工作者，应转变教育观念，正视网络发展带来的种种机遇和挑战，与时俱进，将网络思想教育与实践教育相结合，优势互补，从而提高学校思想政治教育的实效。

第三节　新媒体视野下中学思想政治教育的内容

随着社会的不断发展和时代的不断进步，思想政治教育也要不断发展和创新,这是思想政治教育发展的必然规律和本质规定。当前,中国特色社会主义进入了新时代,新时代思想政治教育也将在决胜全面建设小康社会、夺取新时代中国特色社会主义伟大胜利之际应运生成和发展。新时代思想政治教育是指在中国特色社会主义进入新时代的历史方位下,党的思想政治教育得到进一步的发展与创新,它以马克思列宁主义、毛泽东思想、邓小平理论、"三个代表"重要思想、科学发展观、习近平新时代中国特色社会主义思想为指导,紧扣新时代脉搏,担当新时代使命,推动聚合磅礴人民之力夺取新时代中国特色社会主义伟大胜利、实现中华民族伟大复兴、为人类作出更大贡献。新时代思想政治教育的生成和发展遵循严格的实践逻辑,它是中国特色社会主义进入新时代历史方位的必然结果和要求,是新时代加强党对意识形态领导的必然结果和要求,是凝心聚力更好地构筑中国精神、中国价值、中国力量的必然结果和要求,是推动实现中华民族伟大复兴中国梦的必然结果和要求。新时代思想政治教育的战略构想和实践创新在新时代中国特色社会主义的伟大实践中产生和发展,它又辩证地推动新时代中国特色社会主义的伟大实践。

一、思想政治教育内容的内涵

思想政治教育的内容是思想政治教育重要的组成部分,同时也是思想政治教育者向教育对象施教的具体要素。思想政治教育内容主要体现了政治教育的根本任务和目的,思想政治内容确定的主要依据是根据思想政治教育目标和施教对象的实际思想而制定的内容。这样的好处是:①符合时代发展的要求,与时俱进,根据不同时空,不同条件的受教育者,其思想和目标有了一致性;②学习的根本任务和目的有了一致性。

所谓思想政治教育内容的内涵,即一定社会为了实现其根本任务和目标,在思想政治教育活动中教育者(教育主体)通过一定的方式和手段对受教育者(教育客体)传递的思想政治观念、社会道德规范等知识系统。

二、新媒体视野下学校中学生思想政治教育内容

思想政治教育的内容是思想政治教育目标和任务的具体化，科学地确定思想政治教育内容是实现思想政治教育目标和任务的重要环节。因此，想要选择什么样的思想政治内容，展开什么样的思想政治教育，就会决定了思想政治教育的特性。中央发布了16号文件，在文件里明确地提出了，当代学生思想政治教育的主要任务是：教育的核心是要有理想与信念，树立正确的人生观、价值观和世界观；教育的重点是爱国主义，以弘扬我国民族文化和精神为主要内容；教育的基础是基本的道德模范，引导学生公民道德教育；教育目标是让学生得到全面发展。

综上所述，就给学生的思想教育铺垫了很多内容，通过思想政治教育内容的创新指明了方向。按照思想政治教育内容的侧重点、目的性和对象的不同，新媒体背景下的学校思想政治教育可以分为思想教育、政治教育、心理教育、道德教育、素质教育几个部分。

当代中学生的思想政治教育应该用具有现代化发展趋势、体现时代特点的人和事来引导学生，选择和创新开放环境、竞争环境、信息环境、创新环境的内容来感染学生、激励学生。

（一）政治教育

政治教育是学校思想政治教育系统中的最高环节，也是学校思想政治教育系统中难度相对较大的环节。在进行政治教育之初，先澄清两个概念：政治观、政治教育。政治观的本质是一种看法和态度，指人们对以国家为中心的政治关系和政治问题的根本看法和态度。就学校现阶段的实际而言，政治观是指学校教育者与受教育者对党和国家的方针、路线及政策的根本立场、态度和看法。学校进行政治教育的实质是纠正中学生错误的政治认识，在利用新媒体积极进行政治教育宣传的同时，帮助中学生树立正确的政治理论、立场和方向，引导和帮助中学生树立马克思主义世界观。

新媒体时代学校政治教育应该包括党的基本路线教育、爱国主义教育、形势政策教育、网络政治素质教育等几部分。

党的基本路线教育。我党在社会主义初级阶段的基本路线指的是:领导和团结全国各族人民,以经济建设为中心,坚持四项基本原则,坚持改革开放,自力更生,艰苦创业,为把我国建设成为富强民主文明和谐的社会主义现代化国家而奋斗。这是中国共产党第十八次全国代表大会于 2012 年 11 月 14 日通过的《中国共产党章程》新的规定。概括起来就是“一个中心、两个基本点”。党的基本路线,是相互贯通、相互依存、不可分割的统一整体,须臾不可偏离、丝毫不可偏废,必须全面坚持、一以贯之。中共十八大报告指出,党的基本路线是党和国家的生命线,要坚持把以经济建设为中心同四项基本原则、改革开放这两个基本点统一于中国特色社会主义伟大实践,扎扎实实夺取中国特色社会主义新胜利。党的基本路线教育是政治观教育的核心内容。学校要紧紧把握这一思想政治教育的核心内容,在把握本质的基础上,结合新媒体时代的特点,参考中学生的个性心理特征不断丰富其内涵。

形势政策教育。形势是指国内、国际的时事发展趋势;政策是国家政权机关、政党组织和其他社会政治集团为了实现自己所代表的阶级、阶层的利益与意志,以权威形式标准化地规定在一定的历史时期内,应该达到的奋斗目标、遵循的行动原则、完成的明确任务、实行的工作方式、采取的一般步骤和具体措施。形势政策教育是政治教育的一项经常性的教育内容:巴西教育家费雷尔指出“学校应该敢于建立一种新的社会秩序”,杜威也曾说过“学校即社会”,这其中阐述的道理就是学校应该承担起形势政策教育的任务。形势政策涵盖危机事件、舆论事件等诸方面,渗透社会生活各个角落。形势政策教育开展的形式可以是以教师为主导的课堂教学、学术沙龙等。

培养学生爱国主义情操。爱国主义教育是指让学生树立热爱祖国为之奉献的精神。思想政治教育的重要内容就是传播爱国主义教育,把这种思想在每个学生心中根深蒂固。爱国主义是一面具有最大号召力的旗帜,是中华民族的优良传统。

中国爱国主义的特点可以归纳为:艰苦奋斗、辛勤劳动、弘扬民族文化、反对分裂、维护各民族的联合、团结一致、维护国家统一等。在面对敌人入侵时,英勇奋战,维护祖国主权等。学校要进行爱国主义教育,最近一段时间网上流传这样一个词汇“爱国贼”，指的就是那些只喊口号，没有付诸实际行动爱国的人。学校爱国主义教育的内涵在本质不动摇的基础上，还应该继续丰富和发扬。

网络政治素质教育。新媒体时代，网络使地域距离感拉近，信息传播及时迅速。西方国家以及国家分裂势力也想借助网络“东风”“顺势而为”，所以在网络上充斥着西方价值观和国家分裂的言论。这就要求我们构建网络政治素质教育，加强中学生对社会主义制度的认识，防止“趋同论”“资本主义化”的影响；加强对党的领导的正确认识，防止“多党制”的影响等。

在学校的政治教育中，尤其需要强调对以下几个问题的认识和处理。一是学校应该培养中学生过硬的政治素养，使得中学生能够在风云变幻的时代学会选择，明辨是非，提高政治素质和关心政治的自觉性。二是提高中学生政治参与度，使中学生在政治实践中积累经验，树立正确的政治观念，做关心政治、推进政治文明的生力军。三是推进民主政治建设。学校需要民主，民主的基础就是提高中学生政治素质和文化素质。

（二）加强思想教育

当前，加强未成年人的思想道德教育是每个教育工作者乃至全社会的一个重要任务。改革开放 20 多年来，我们国家的未成年人思想道德教育第一次被严肃地摆在众人面前。那么，如何加强中学生的思想道德教育就成了摆在每一个中学教师面前的至关重要的课题。下面，就学校实际情况谈谈我的观点和看法。

第一，学校要建立一支强有力的思想道德教育的教师队伍。俗语说：“正人先正己”，道德教育的实施者必须有良好的自身修养和道德素质，在日常言行和规范上发挥表率的作用。因此，每个教师在这项工作中扮演重要角色，学校必须加强对教师言行规范的引导。

第二，学校要对道德教育的内容和方法进行转变和创新。学校德育工作要从重道德规范转变为重道德实践与择善能力的培养，因为单纯的道德规范教育容易使学生言行不一致。学校在道德教育内容上要特别注重培养学生分析、辨别能力与择善而行的能力，并把学生的基础文明素质制成一些具体可操作的内容,由低到高做起。在道德教育方法上要从灌输与约束为主转变为疏、堵结合,采取潜移默化的方法达到润物细无声的效果。

第三,要重视发挥学生干部、团员队伍的作用。学生干部、团员是学生中的优秀分子,他们的特殊身份容易为学生所接受、信服。他们在道德教育中的作用不可轻视和替代,他们的榜样作用鲜活生动,有很强的号召力、感染力,他们对学生的监督与管理有利于促进学生自我教育、自我管理。他们与学生平等,不是居高临下式的教育,有利于启发并促进学生沟通、反省,提高学生的思想道德水平。

第四,要发挥校园文化的功能。营造良好的道德氛围,形成文明、健康向上的环境是校园文化应该发挥的作用。要利用宣传阵地,如橱窗、标语牌等促进形成良好的道德风尚;用树立先进典型感染人、塑造人,用生动活泼的形式,如征文、各类比赛等启发人、教育人;用寓教于乐的活动,如演讲、经验介绍等激发人、陶冶人;还要利用网络、广播、文体活动、自办刊物及有关制度规则等软件、硬件,引导学生对自身道德行为进行思考、理解并注重落实到自己的言行中。

第五,要严格日常管理,完善评价制度。道德教育不能完全依赖学生的自觉性,要以日常行为规范管理与规章制度的约束为保证,管理育人必须到位,并将其进行量化管理。学校德育主要在不断的实践中改进管理方法,完善评价制度,促进学生的思想道德建设。

第六,要加强学生的社会实践,在实践中不断强化道德观念的形成和巩固。学生不可能只生活在校园中,要创造条件让他们在社会中接受“开放式”教育,到社会中去体会,去感悟自己的言行、别人的言行正确与否,避免因学校教育与社会教育脱节而出现的教育问题,这才是最有效的思想道德教育。

第七,要利用课堂教学巧妙地对学生进行思想道德教育。新课标更注重学生的情感态度与价值观的培养,特别是语文、政治、历史等课程,很适合利用来对学生进行思想品德教育,这样既完成了学科教学任务,又培养了学生正确的世界观、人生观、价值观。

总之,加强未成年人的思想道德教育的主阵地在学校,但仍需要全社会的配合,保证学校、家庭和社会三结合教育的有效实施,才能真正提高青少年的思想道德水平。思想道德教育是思想政治教育系统中重要的一环,是我们相对比较熟悉的环节,也是应该最有创新、有所突破的环节:学校要结合学校自身情况,创造性地进行教育。

(三)道德教育

道德教育不仅反映道德教育的性质,而且是实现道德教育目标与任务的重要保证。在新媒体背景下,随着网络技术的发展,人的个体能力和人们在一起的群体感受将超越国家和地区等地理性因素的限制而达到全新的水平,因此,新媒体环境下,道德教育的内容必然反映网络社会的特殊要求。学校的道德教育应该具有层次性。由于学校有四年制或三年制,历时比较长,根据中学生不同发展阶段的心理、生理特点,针对不同年级的中学生应该作出不同的道德教育的要求。一年级主要进行集体主义教育。集体主义教育就是按照社会主义精神文明建设的要求,拥有团队意识。团结、友爱、互相关心、互相照顾、遵守纪律、热爱集体、合作学习、助人为乐等,都是集体主义精神的具体体现。二年级、三年级可以进行社会公德教育。社会公德是指人们在社会交往和公共生活中应该遵守的行为准则,是维护社会成员之间最基本的社会关系秩序、保证社会和谐稳定的最起码的道德要求。这一阶段的中学生或多或少的参与了社会生活,对社会生活有了初步的认知,所以在中学生踏入社会之初进行社会公德教育显得十分必要。四年级的学生可以进行职业道德教育。职业道德包括爱岗敬业,诚实守信,办事公道,服务群众,奉献社会,素质修养等。四年级学生即将参与职业生活,所以在道德领域占领先机尤为重要。

网络道德教育应该贯穿学校整个思想政治教育过程。网络道德教育首先应该引导中学生培养网络道德意识,道德是人类理性的表现,是灌输、教育和培养的结果。新媒体下道德教育同样如此。其次教育中学生讲究网络礼仪。这中间包括问候礼仪、语言礼仪、交往方式礼仪等方面。要求中学生遵守新媒体环境下的道德规范。网络道德的原则就是诚信、安全、公开、公平、公正、互助。

（四）素质教育

素质教育以综合提高在校生的基本素质为目的，尊重学生的主体性和主动性，逐渐开发在校生的审美能力、智慧和创造的潜能，这些内容相互衔接，共同构成学校网络思想政治教育的概念体系。

在应试教育的大环境下，以分数为目标的选拔机制和评价机制固化，决定了素质教育无法真正落地。素质教育虽然喊了几十年，基本上是口号年年越喊越响，认识越来越深刻，现实中做到的并不多，尤其是非一二线城市，导致了学生们在应试和素质两方面的差距都进一步加大，教育不公平现象日益凸显。“寒门出贵子”的可能性越来越低，阶层固化也越来越严重。一方面是大家都明白分数、好学校不能决定孩子的美好前途，综合素质的提升才能帮助孩子走得更远更好；另一方面在集体性焦虑和恐惧的驱使下，学科和素质教育哪一项都唯恐落下，家长和孩子都在付出着牺牲身心健康的代价。

十九大报告中习近平主席明确提出建设教育强国是中华民族伟大复兴的基础工程，必须把教育事业放在优先位置，发展素质教育，推进教育公平，培养德智体美全面发展的社会主义建设者和接班人。习主席已经指明了教育的方向，新高考改革的政策也着重强调了改变落后的人才培养和选拔机制，科学选拔人才，促进学生健康发展和维护社会公平。坚持育人为本，尊重教育规律。作为学校、家长和教育企业，教育改革和社会发展的趋势不可阻挡，顺势而为，是我们给予自己的孩子最好的礼物。

互联网时代、互联网思维与新型高素质专业人才培养将成为目前及今后学界与业界关注的重点话题。结合学校高素质专业人才培养现实与困境，笔者认为有必要提出学校广告学专业本科人才培养结构优化与质量提升问题，这不仅是迎接互联网时代广告及文化创意产业亟须新型高素质人才缺口挑战的前提，而且也是当前学校广告学专业素质教育及人才培养实际的有效选择。

“互联网思维”就是彻底转变过去的固有表征，互联网绝非是对现有模式的简单修补，此种思维的最大优势与特点就是能让更多受众和用户们在有别于先前传统体验与实践中，获得更为实在的体验与感悟。对互联网思维应采取的态度是:基于理解互联网本质规律的基础,有针对性地开展相关高素质专业人才培养及社会实践策略工作;探索和逐步建立适应互联网思维、互联网时代需求的新型创意人才,是当前亟待解决的重要问题。

1. 加快紧缺高素质人才培养,提升服务国家战略发展需求的综合实力

这里的"紧缺"和"需求"是相对于传统产业人才需求"不对位"和"过度剩余"而言的。广告学专业人才培养尽管目前在国内各学校有了相对完整人才培养机制和体制上的创新,也在不断调整过程中满足社会上各个行业对于高技能广告专业人才的需要,但是在创意传播管理理论(CCM)为代表的实践指导理论兴起以来,注重"数字生活空间""个人化的生活者""生活的服务者"三个层面的观念重塑与更新,已经成为当前各学校广告学专业人才培养模式改革与创新的突破口。

具有互联网思维的新型高素质、强能力创意人才就是具备创意传播管理实践操作理论的新型人才。此种紧缺紧俏人才特质是:系统掌握以互联网进行媒体传播和推广的基本素养,基本具备拓展人际传播和口碑传播的渠道能力,能够将利用数字技术突破空间的限制、极大地扩展人际传播与口碑传播的范围与影响。此种新型专业技能人才的短缺,严重影响国内广告、文化创意产业及数字营销传播领域相关工作的常态发展,尤其是在全社会推进传统媒体与新兴媒体深度融合进程中需要大量具有数字营销传播新技术、新思维、新能力的合格人才。从此角度来看,重视广告学专业结构优化与质量提升也就成为提升服务国家新形势下战略发展需求的现实选择。

2. 合理调整专业人才培养目标,优化专业课程结构布局

根据行业整体提供服务对象的本质性改变,应及时转变学校广告学专业人才培养预定目标对象特征设定,其主要侧重点就是在人才培养上专业人才培养目标的调整,优先解决新媒体及数字营销传播业务能力驱动的专业课程结构调整,也是尽快实现人才培养调整对接的关键抓手。

在基本理论课程市场营销学保持不变前提下,适度增加数字营销传播课程的门类和专题方向,其中课程内容应该密切跟进互联网营销领域最先进的前沿资讯,应包含搜索引擎营销、即时通信营销、病毒式营销、BBS 营销、博客

营销、聊天群组营销、网络保险知识性营销、网络事件营销、网络口碑营销、网络直复营销、网络视频营销、网络图片营销、网络软文营销、RSS 营销及 SNS 营销等等层面。

此处也可以适度将实战技能类课程引入基础营销理论学习之中，根据创新素质教育教学改革探索，在市场营销学、网页设计与制作等课程讲授进程中，采用导引式项目驱动教学来进行课程讲授，已经改变传统理论学习仅注重教材章节知识的简单理解，逐步转向以关键知识点作为导引，以实际项目营销策划为渠道，以数字化营销实效性作为衡量新型广告学人才培养模式。与此同时，适度调整大数据相关课程资源数据库建设，为互联网思维普遍指导下的新型人才培养提供数据支持，也是在专业课程调整过程中需要达成的具体目标之一。

3. 以培养应用型和领袖型人才为依托，优化人才培养的类型结构

互联网思维影响和冲击下的广告学人才培养实践，需要同时在人才培养定位上和类型预定上实现跨越式发展。要将主要人才培养定位放置在“应用型”和“领袖型”高素质人才培养上面。具体来说就是注重与互联网思维对接，全面转换人才培养思路，注重实际操作业务和实际动手能力的实训与实操，主要将精力放在“借助 4G 加速移动互联网营销”“将移动视频广告作为移动广告的主导地位”“提升移动实时竞价广告的比重”“侧重于原生性移动内容营销”“O2O 进一步深化”“移动的大数据和精准化营销”“注重以移动为中心的整合营销”等层面。此种应用型人才是指能够将专业知识和技能应用于所从事专业社会实践的一种专门人才类型，是熟练掌握社会生产或社会活动一线的基础知识和基本技能，主要从事一线生产的技术或专业人才。在今天来看，应用型互联网营销传播人才的培养，首先是需要解决关键的人才培养方案的制订与实施问题，这其中适时地更新观念和转换思路是必要前提；此外积极培养专业学生的实践能力和职业素养也是重要之处；再有就是要注重教学条件设施的维护与保养；等等。

众所周知，课程教学过程中硬件设施主要包括配备标准化的移动互联网实验室，主要以本科教学为中心，兼顾到研究生培养环节，注重提升学生工程

实践，创新意识和科技创新能力，积极通过实践教学将课程讲授的基本理论与当前广泛应用的专业技术、前沿技术接轨，能够进一步使学生完成简单而实际的实践操作，在此基础上形成“领导型（领袖型）”人才软硬件设施的良好铺垫，此种“领导型”人才的类型目标定位是：基本具备互联网营销传播的系统、综合技能，能够具备远大理想抱负和高尚人格魅力、组织交流及合作能力，以及强烈的服务意识和坚强的毅力，能够以团队合作为依托，带领项目团队经过精心的调研、考察以及系统地借助互联网平台实现数字营销传播目标的新型创意营销传播高级专门人才。

职业发展素质教育内容主要包括诚信品质教育、敬业精神教育、合作精神教育、责任意识教育和法纪意识教育。人无信不立，诚实守信是中华民族千百年来传承的美德，是为人处世的基本准则和立足点。教育、培养和提高诚实守信、爱岗敬业、团结合作、遵纪守法、无私奉献的专业知识素质、个人成长素质和职业发展素质，是中学生步入社会、从事某项职业的前提和基础。学校在中学生思想政治教育的过程中，思政工作者要注意因势利导，要注重中学生综合素质的全面提高。

第四节　新媒体视野下加强中学生思想政治教育的措施

新媒体技术的进步与发展及其广泛应用，对中学生的个体思维、社交生活等产生了深刻的影响，塑造了信息时代全新的媒体环境和媒体氛围。分析和探讨新媒体环境下学校思想政治教育措施的创新与发展，在科学把握新媒体环境的新特点、新趋势的基础上，结合网上与网下的相关资源，通过不同形式的互动来探寻和创新学校思想政治教育的有效途径具有重大的现实意义。这个过程需要注意和摆正教育主客体关系，明确和准确把握“教育者主导”的本质内涵，健全新媒体环境下学校思想政治教育的保障机制，以便从中学生的客观需求出发，切实有效地促进中学生思想政治素质、水平和能力的加强与提高。

第五节　新媒体视野下不同国家学校思想政治教育特色措施

新媒体环境下,各个国家的学校进行思想政治教育的措施不尽相同。在向外国学习和借鉴的问题上,我们一定要坚持“两点论”,既取其精华,又弃其糟粕,把控好学习与抵制的关系,取其利而又避其害,使之为我所用。在这里要反对两种倾向:一是闭关自守,二是盲目崇洋。“闭关自守”是我国历史上长期存在的一种错误倾向,表现在思想政治教育上,就是固守教条,盲目排外,使得几代人的思想都趋于保守、僵化,整个民族渐渐衰弱了活力和创新精神。至于“盲目崇洋”表现在经济全球化和市场经济条件下,在新媒体大环境下,中学生思想意识上的多元化趋势愈来愈明显,各种思潮相互融合、相互排斥和相互碰撞,崇洋媚外和拿来主义这个问题和现象在学校显得日益严重与突出。下面,我们试以美国、新加坡这两个具有代表东西方学校思想政治教育举措的国家进行比较分析,从中找出一些规律性的东西和政策方面的经验,以促进我国学校思想政治教育的改革与发展。

一、美国学校思想政治教育具体措施

(一)注重对学校思想政治教育理论上的探讨并运用于实践

美国较注重从学科角度对思想政治教育进行研究,出现了众多的思想道德教育理论,如价值澄清理论、认知阶段理论等等,并将理论模式应用于实践,反映出理论指导实践的作用。

(二)注重全面渗透性教育而不是强行灌输方式的教育

与许多国家学校通过开设专门的思想政治教育课程不同的是,美国学校在进行思想政治教育的过程中,主要是通过间接的方式渗透到每一门学科当中。之所以这样,是因为某种程度上,美国开放的环境下不允许通过强制手段进行教育灌输,特别是较为敏感的思想政治教育;另一方面,美国人认为,思想政治教育是一项长期性和系统性的工程,不可能通过短期的教育一蹴而就,不能局限于短期的教学中。

（三）注重解决学校的实际问题

当今著名教育家弗雷尔（P.Freire）说过“学校要敢于建立一种新的社会秩序”。他认为，学校课程的设置应该有助于学生在社会方面得到发展，帮助学生学会参与社会生活，增加批判意识。学校作为一个社会的缩影，首先就是应该关注学生面临的现实问题。美国学校十分重视“社会化学校”的建设，注重通过开设各种课程和组织各种活动来策略性、针对性地解决学生的问题。

（四）注重提高学生的认知能力

认知能力是学生众多能力中最基础也是最重要的能力之一。美国学校思想政治教育过程中，把培养学生积极参与社会活动的意识和发展学生的认知能力作为思想政治教育的出发点，通过提高认知，培养意识，激发学生思想政治活动的热情，而不是要求学生死记硬背一些思想道德规范，将思想政治工作变得“枯燥化”“无味化”。学校也注重学生对社会参与的意识，培养学生以主人翁的态度参与社会生活，促使学校学生积极投入到社会实践活动中去。

（五）信奉多元性和自主性，促使学生能动地养成思想品德

多元性除了表现在价值取向的多元化，不强求一致，但要求学生要学会相互尊重外，还表现在学校思想政治教育没有全国统一的要求，美国50多个州各行其是。自主性主要表现在教学方法上重视学生个性，启发诱导和自主选择，强调在多元、多变的社会形势下学生自主意识、认知能力的培养，以及实践精神的塑造。

二、新加坡学校思想政治教育的基本途径与方法

（一）学校课堂教育

学校课堂主要通过传授专业知识的基本理论和国民观念，以期达成学生知识系统化的目的。新加坡学校开设的课程类型十分丰富，普遍开设公民课、新加坡历史、法律、政治等，其中极其具有特色的是对中学生进行儒家伦理思想的教育。新加坡儒学在内涵上进行了“扬弃”，剔除了传统儒学中带有强烈封建性色彩的政治学说，而强调其中关于个人道德修养的内容，并根据新加坡的国情加以改造和发展，赋予其符合现代生活的内容和形式。其讲授

儒家伦理课的目的是为把学生培养成具有儒家伦理的价值观念、富有理想而又注重道德修养的人，使学生认知自己，从中培养学生积极的、正确的世界观、价值观以及人生观。但在教学方式上，注重“东西结合”彰显“杂糅”特色。在教育方式上，借鉴欧美的教育形式，如隐蔽型教育、价值观念澄清、培养学生的道德素养和判断能力等，从而使东方的内容与西方的形式结合起来。

(二)积极进行社会实践教育

实践教育培养的是学生多方面的能力，新加坡学校注重抓住实践教育这一契机，将思想政治教育贯穿其中，达到了潜移默化的效果。新加坡学校的教育工作十分强调学以致用，学生学习的目的就是为自我成长与成才，更重要的是个人的发展是为了促进国家经济发展和更好地为社会进步服务，并将之作为指导思想贯穿在整个教育过程之中。这种思想政治教育理念将个人发展置于国家发展之下，强调个人价值得以实现的前提就是国家价值的实现，符合国家利益。

(三)通过校外的社会运动和日常行为指导进行教育

校外社会运动体现的是一种民主，而民主的思维是进行学校思想政治教育的基础。新加坡政府非常重视通过经常的宣传与对日常生活的指导来对中学生进行国民意识、文明、民主权利等的教育。新加坡通过全国性的社会运动来创造良好的思想政治教育大气候和良性大环境，使人们在运动中相互感染而受到更好的教育。强调日常行为规范，鼓励学校中学生“处世待人，讲究礼貌”，使人们养成“谈吐优雅，举止彬彬有礼，态度谦和”的好习惯，从而使一些做人的基本礼貌化为人们生活的一部分。

总结以上两个国家开展思想政治教育的措施，发现三大规律：一是学校思想政治教育自下而上进行，思想政治教育深得“民心”；二是学校思想政治教育措施的目的性清晰——发展个体，促进集体，为了国家；三是学校思想政治教育讲究“本地化”，这是思想政治教育的基础。

当然，除了这两个国家，世界上其他国家的学校思想政治教育模式也有许多值得我们学习的地方。特别是到了 20 世纪末，由于世界政治、经济局势发生了重大变化，经济全球化、政治多样化、社会多元化、技术信息化等多种局面的层出不穷。为适应社会的发展,世界各国的思想政治教育又开始了新一轮的调整。目前这次调整仍在进行当中。

三、新媒体视野下加强中学生思想政治教育的措施

明确了新媒体给学校的政治思想教育工作带来机遇和挑战,如同一把双刃剑,既带来了正面的影响,也带来了负面的影响,对于国内外的校园对思想政治教育实施了措施,新媒体在此时作为一个信息的传播工具,给予了一些帮助和支持。

新媒体背景下的思想政治教育,对于我们来说既是机遇,主动迎接挑战,利用新媒体技术,弘扬我国文化,争取思想政治教育的主动权,拓展思想教育思想的路径,取得在政治教育工作上的更大进步。

(一)完善新媒体管理体制,营造健康的新媒体环境

2004 年实施的《中共中央国务院关于加强和改进思想政治工作的若干意见》中明确指出:"要抓紧建立健全有关的法律法规和制度,依法加强对社会生活各个方面的管理,把我们倡导的思想道德原则融于科学有效的社会管理之中,使自律与他律、内在约束与外在约束有机地结合起来。"

法律约束对社会人活动产生制约的机能,它是加强管理机制的一种重要手段。法规中的一些条例都具有约束人们活动的能力,由国家强制力所保障,再加上思想政治功能的发挥,法律作用就会达到很大的效果。

规范作用是从法律的角度调整人们的社会活动行为,维护社会秩序,规范社会活动行为。法律约束力作为校园的思想政治教育的重要资源,对思想政治教育有一定的保障作用。通过法律手段,可以更加彻底地开发思想政治教育的资源,可以提高教育者和受教育者对思想政治教育的本质性认识,进而有利于思想政治教育实践的资源获取和开发,提高对思想政治教育本质属性的正确认识,获取社会广泛认同,提高思想政治教育的有效性。

随着我国高科技术的发展,新媒体技术也在不断地发展,在沟通方面我国发生了翻天覆地的变化,在校园里的个人主义、拜金主义、享乐主义等负能量也会雨后春笋般浮出水面,这些不良的信息将会对学生在思想上有一定的

阻碍,会让学生辨不清学习的重要性。我们可以拿一个实际案例来分析,前段时间在抖音上出现一个17岁的女孩,在上高中的时候,开始辍学,去夜店,尝试一下本在该年龄段不应该尝试的东西,总之,在物质上满足了自己的要求,还理直气壮地说,学习干吗,想买东西,别人可以买,想变漂亮可以整容。可能在17岁的孩子眼中,得到某些东西,别人可以帮你实现,为何要自己拼尽全力买呢。如果站在她个人的角度来思考,没有错,但17岁的年纪,本应该在学校里好好地学习,接受正能量的东西,而不是跨越该年龄段,去尝试新鲜的东西,没有客观的分辨能力,怎么走以后的道路?

该案例说明了社会的现象,我国的教育还存在一些弊端,思想政治教育并没有在每个学生心里根深蒂固,使学生没有客观判断社会的能力,没有树立正确的“三观”(人生观、价值观、世界观)。尤其是现在的视频APP较多,网络发达(在公共场合都有Wi-Fi的链接),新媒体的负面影响,会导致个别学生眼界狭隘,会导致学生在思想上、道德上、政治觉悟上、价值观上有偏见,更为严重者将会导致他们走上违法犯罪的道路上,给自己的人生、家庭和社会造成了极大的伤害。

在如此严峻的形势下,学校思想政治教育的最原始的灌输和说服所产生的力量和效果都显得比较羸弱,只有依靠法制的力量,再强化以思想上的教育,双管同步齐下,才能抵御和澄清中学生认识和思想上的混乱,有助于弥补思想政治教育依靠说教等方式带来的执行力弱的缺点,促进学校思想政治教育的顺利开展。

法律约束和思想政治教育两者是相辅相成的关系,前者是维护社会秩序,让社会健康发展,后者是在引导人的行为,两者相互补充,后者是前者的基础,有了很好的基础,学生在日后的发展道路上才能懂法、尊法和守法。校园的思想政治教育比较注重的是学生的“觉悟”作用,是一种以“号召”为其主要特征的影响过程。在一般情况下,思想政治教育具有显而易见的有效性,这种有效性融入大部分受教育个体中,但是对缺乏道德自觉和追求的人就很难起作用。法律则不同,它不仅能通过具有强制力的法律手段惩罚那些具有道德不轨的人,保障道德规范的实现,还可通过授予荣誉称号、表彰、晋级等法律手段，鼓励人们的道德追求，对于提高思想政治教育实效性大有裨益。

政府不仅在社会中发挥了建设信用的作用，还发挥了制订计划的作用，政府立法同学校法规是在统一步伐的。政府在社会中还发挥着法制性的作用，但是政府在社会中发挥的作用再大，单纯的政府立法是远远不够的，所以，需要学校积极引导学生。各校应该因“校”制宜地引导学生，在教授思想政治的同时也不忘新媒体在此时发挥的作用，这样通过以政府立法为主，学校配套相关规定为辅，就能够全方位构建起学校思想政治教育的法律屏障。

（二）发挥学生干部以及学生党员的主体性作用

作为一名学生干部，在中学如此多元的氛围里，面对纷繁复杂的网络环境，应该具有什么样的网络舆情意识？我将此次对学生干部网络舆情的培训，和大家交流一下，培训主题虽是学生干部的网络舆情意识，不是说其他不是学生干部的同学就不需要有这个意识，这些意识态度是中学生都应该具备的，只是说对于学生干部这个群体，我们的要求更高更严格，毕竟你们在普通学生群体中起着一定先锋模范作用，承担着更多的任务，同时通过自身的所作所为来影响身边的同学。

网络舆情意识，部分不是学生干部的同学可能做得还更好，他们关注，他们理性，他们果敢，而通过此次线下培训，线上公众号发文，我也希望更多的学生干部，更多的中学生能够保持持续关注，能够理性发声，这样本次培训的目的也就达到了。

那我们的学生干部该具有什么样的网络舆情意识呢？

1. 第一个意识：时刻保持关注

角度先拔高一点，2016 年 10 月 9 日，习近平总书记在实施网络强国战略进行第三十六次集体学习中说道：我们的领导干部要学网、懂网、用网。反过来，大学里，我们的学生干部是不是相同的道理，而要学，要懂，要用，关注是第一步，没有关注，后面的舆情意识也就无从谈起。

不过，现今的中学生我倒不是很担心不关注网络。根据国家统计局和教育部发布的最新数据显示，全国共有在校中学生 2695.8 万人，我相信 99%的人都在关注，毕竟手机在手，天下我有，而且现在不进网络也不行。问题关键是时刻保持关注的应该是什么?

有人关注的是各大明星的花边新闻,有人关注各大公司的争斗,也有人关注贴合热门事件等迎合大众品位的东西,以上这些我们统称为小白媒体。大家也知道,你关注什么样的信息,你就会有什么样的思想,紧接着你就会有什么样的品位,当然,我这里也不是说不能关注,偶尔看看娱乐一下也无可厚非,但如若持续性关注,肯定会在一定程度上降低你的品位。

作为学生干部,那应该关注哪些可以提升自己品位的网络媒体、账号或栏目呢? 我觉得满足以下这三个原则即可:

第一个是持续性的。不能说我只看了一小段时间后,这个号就没了,这个栏目就做不下去了,戛然而止,索然无味。

第二个是能启人思想的。所推送的内容对于你现在的学习、生活或工作有所启迪,能够让你如沐春风,锻炼思维,深刻观点,甚至说碰撞产生新的idea,进而还能行动,这就可以为它点赞了。

第三个是客观理性。不偏激不偏差不愤青不乱喷,这个在第二个意识中会详细讲解。

其实大家有没有发现,一本好书可以很好地满足以上三个条件,看书就是和一位有理性的大家进行较长时间的交流和探讨,从而有所启发,形成自己新的思考和观点的过程。

2. 第二个意识:客观理性

前段时间我推送了一篇文章,《我最信任的那个学生,党员志愿服务时确造了假》,我最主要的目的是想陈述解决这类事件的过程,希望有此类想法的学生党员能够引以为戒,防微杜渐,但后台就有网友评论了:党员,呵呵……

当我看到这条评论时,一时间我也说不出是个什么滋味,因为我也是一名中共党员。我也不知道之前哪位党员让他形成这样的观点意见,但这很明显就是以偏概全,一棍子打死一批人,而这样的例子在网上就不胜枚举。比如说网络上的部分网民因为某个官员违法乱纪,就全盘否定国家的政策观点,这就好像因为一个学生干部有错,就全盘否定全部的学生干部,想想,这是非常的不理性。

那什么才是客观理性的思考:方针政策是经过反复研讨调研实践最后凝练出来的,没有太大问题,是执行的人出现了偏差,做到就事论事,这才是客观理性。

而以上仅仅只是不理性的思想,由思想到行动,只有一步之遥,如若演变成不理性行为,后果不堪设想。我下面要讲的这个案例,就是步入了不理性的行为,题目叫作《那个振臂高呼的热血青年,却用一记重锤砸穿了同胞的头颅》。

2012 年 9 月,中日关系因为钓鱼岛而陷入冰点,反日的情绪很快在民间迅速发酵,包括西安、广州、北京在内的中国多座城市爆发了声势浩大的"反日游行",而在西安的反日游行,最终演变成了针对国人店铺、车辆和商品的"打砸抢群体暴力事件"。而其中一名 90 后热血青年不仅砸了别人的日系车,最后还将那把重锤狠狠地砸向了车主的头。一下！两下！三下！四下！车主的头部颅骨被这名 90 后热血青年砸穿了一个大洞,洞口清晰可见。

现在再来反思整个事件,这个车主有错吗？没有,他是中国人,这辆车也是他通过贷款买来代步的二手车,他们一家也是步履维艰,最后因为这名 90 后热血青年的不理性,毁了两个家庭。

再深入思考一下这个事件的脉络,由反日热情高涨,到组织游行,最后演变成四处打砸抢的群体暴力事件,这中间会不会有人在利用部分不理性民众的爱国热情在国内搞破坏呢？应该有,那他们是谁？《人民的名义》中有一号人物:网名爱哭的毛毛虫,专门的键盘侠,只要给钱,就在网络上给你做到多少的转发与评论,这只是个小 case,如果有人能够将这些网络水军进行集结,形成统一力量,是不是这自由发声的网络空间有着更大的影响力呢？所以,网络虽好,其中也是陷阱重重,这就更需要我们有着更为理性的判断思维。

那如何在这纷繁的网络世界,保持理性,拥有一双慧眼呢？我这里有两条建议:

第一条建议:培养自己的独立思考能力。现实中,较大部分人,因为阅读、学习、思考较少,所以很容易把偶尔读到文章中的观点当成是自己的观点,把很多人点赞的意见,当成是自己的意见。

通过朋友圈可以发现,我们的上一辈会有较多这样的现象,我的亲戚朋友也有,那中学生群体中有吗?我们在座的各位有吗?答案是肯定的。这是非常可怕的一件事,一个观点的产生肯定是通过客观的探究真相,理性思考辩证得到的,人云亦云,被牵着鼻子走,就很容易中套了。那如何才能拥有一个独立的思维呢?对于这个中国古人也给了我们建言:读万卷书,行万里路,人生三万,奥妙就在其中。

第二条建议:避免将事情简单化。下面做个简单的测试,你是不是现在还抱有这样的观点:淘宝能做起来,因为上面大部分是假货,便宜;陌陌是个"约炮"工具;我们中学生中很多人创业都成功了;等等。

网络上到处充斥着这样的观点,就好像天上掉馅饼那样简单,如果将事情想得太简单,最后受伤的可能就是你,网络上的诈骗一次又一次验证着这一事实。前段时间某高等学府的毕业生李文星因轻信网上的招聘信息,被骗进入传销组织,最后的结果大家都知道了,看到这些,多问几个为什么,多长几个心眼,即使慢点也关系不大。看似简单,实则非也,再举一个例子,让大家感受一下,问题并不是表面看起来那样简单。

内容来自辅导员朱广生老师的一堂思想政治课,说的是一个娱乐新闻事件,姚晨以联合国难民署中国区亲善大使的身份出席联合国的相关活动,这看似是一则简单的明星有爱心,参加政府(联合国这么高咖级别)活动的新闻,但大家有没有想过,就是这么一则新闻,它背后的目的是什么?不深入想想,不认真研究是不知道最终目的就是要给中国政府施压,要有大国担当,接纳来自中东的难民。

大家觉得我们有没有可能接纳中东难民?世界上很多出生率较低的发达国家,为了保障本国的生产力,没有办法要接纳移民以及难民,就像德国,法国等等都有,接纳后呢,如何安置,处理,融入,这是一个问题,处理不好很多不稳定的社会性事件会不会产生呢?值得思考。

再来想想,中东难民产生的本质是什么?国家战乱。为什么他们国家先前好好的,最后要打仗?因为有了其他国家势力的介入,有人盯上了他们国家的石油,石油是什么,现代工业的血液。

我们再反过来看看姚晨,姚晨她是个明星,明星对于普通民众是有着一定社会影响效应的。但是不可避免的明星也要挂靠经纪公司或者娱乐公司,而明星红不红很大程度跟曝光程度成正比的,而曝光程度又跟公司是否大力推你密切相关,经纪公司或者娱乐公司谁说了算,后面的老总,如果这时老总拍板做了一些决定,这些明星会不会执行呢?如果没有经过认真思考,他们就会执行了,那这时姚晨只是一个表象,背后推手在后面。就是这么一个简单的娱乐新闻事件,背后却有这么多的内涵,如若透过新闻,你简单地看到姚晨很有爱心,中国应该接纳难民,那他们的目的也就达到了。

当然,你想要全面了解,你肯定也要有自己的独立思考能力,所以,这两项是要有机结合起来的。这样你才能做到理性思辨,客观公正。

3. 第三个意识:要会发声

时刻保持关注,客观理性分析后,第三个意识就是要会发声了。而这又体现在三个层面,第一个层面:要发声,而这主要针对负面事件,更容易激起大家的情绪去发声,但需要发出正能量的声音时,绝大多数人会选择沉默。

网络这块阵地,作为中国当代青年,作为排头兵的学生干部,占领这块阵地,我们义无反顾,我们不去占领,就会被别人占领,而占领的前提就是要发声。

现在网络上的声音繁杂吵闹,此起彼伏,此时更需要一个正面、有力、坚定、及时的发声体,这样才会形成舆论,接着变成效应,最后才能带着摇摆不定、不知方向的青年同伴朝着我们国家共同的理想:中国梦,社会主义核心价值观,两个一百年计划一起奋力前进。这时,最基础的可以从发声为造谣事件正名,发声为正面事件宣传做起。

第二个层面:会发声。会发声,对于学生干部群体,我现在的建议就是先做到慎言。之前在微信上看到过某个学生干部一连转发了好几篇态度甚为偏激的文章,个人觉得有欠考虑,你转发的文章也代表着你的观点态度,如果其他同学看到是不是表示着这就是你们这个组织团体有着相同的态度了,而这种看法在以后你们正式步入工作岗位,会更加明显。公司客户看到你的言论,一定程度就代表了公司的立场,而你的社交平台辐射范围成百甚至上千人。有人可能会说,我屏蔽了那些人,那反问一句,你有没有屏蔽所有人呢?学生干部,会发声前,先做好慎言。

第三个层面:发好声。这是对于你们最高的要求,在独善其身,正面维护后,如何做到主动出击的问题了。这需要积淀,也是大家努力的方向,随着知识层面的不断丰富,人生阅历的不断提升,我相信你们会越做越好。

第七章　中学思想政治教育其他前沿问题研究

互联网的迅速发展不仅改变了我们的物质生活，而且也深刻影响了我们的精神领域。传统的社会秩序、社会道德规范在新的网络模式下已被颠覆，面临着解体与重构，网络社会的道德秩序急需构建。

实效性是思想政治教育的生命力，也是思想政治教育的目的和归宿。当前思想政治教育的实效性不尽如人意，如何增强中学生思想政治教育的实效性是摆在研究者面前的一道崭新课题。

随着人类经济社会的不断向前发展和人类社会活动领域日渐扩大，生态学的研究日益走向成熟，其相关理论和方法也不再仅仅局限于传统的生物学范畴，而是超出了自然科学领域，日益扩展到社会生活的各个领域，扩大到人文社会学科。生态学原理和方法的应用成为人类科学研究发展的一个必然趋势。

第一节 传媒与中学生思想政治教育

一、传媒的概述

（一）传媒的内涵

传播媒体又称“传媒”“媒体”或称“大众传媒”。传媒是在信息的传播中从传播者到接受者之间传递信息的一种物质形式工具，它是传播信息的重要载体和主要通道。自人类诞生,就有信息传媒。狭义上,传媒是指一些新闻媒体等形式。广义上,传媒不仅指需要传播的具体信息内容,更包括传播信息的一些组织。简单说只要被传播的信息和用来传播信息的途径都可叫作传媒。传媒承载着协调社会关系、监测社会环境、传承传统现代文化等众多的功能。随着科技和经济的迅速发展,报纸、广播、电视、网络、手机、电影、微博、微信等大众传播媒介自然进入了中学之中。当代中学生群体比以往任何时期都更多地享有媒介资源,更深地受到传媒的影响。传媒已是除家庭、学校以外最为影响中学生社会化的因素。

(二)传媒的特征和分类

当前传媒的主要特点有五个方面:

一是传媒的时效性强,传媒一般都会随着信息的产生而迅速发生;二是传媒信息的渗透性强,传媒能以不同的方式将信息传播到任何地方;三是传媒具有可兼容性,任何传媒都不是也不可能独立存在;四是传媒的交互性良好,这种良好的交互作用存在于信息的传递之中,也存在于信息传递完成的后期;五是传媒具有的共享性,是主要针对信息内容通过特殊渠道的分享性而言的。

根据不同的划分标准,传媒类型的划分也有所不同。比如按时间顺序的不同,可划分为传统式的传媒和现代化的传媒。其中传统式传媒是比较原始的方式,它可以包括运用手势、烽火等简捷直观的互动方式。传统的方式还可以用信件、绘画、文字、符号、印刷品和摄影作品等方式表现,更可以用电话、电影、广播、电视、手机通信等现代传媒的方式表现。总之,传统意义上的传媒在使用中具有一定的时间约束性和空间限制性,受自然界条件的制约,局限性较大,有时只靠视觉感官接受传播信息。而现代传媒则是指运用现代信息传播技术,特别是蓬勃发展的互联网技术向社会公众传递各类信息的媒介形式。现代传媒中主要以互联网技术传媒为主体,以其他新兴通信媒体为辅。以多媒体、网络化、数字化技术为核心的媒体为代表。互联网信息载体和传媒方式确实有别于传统传媒,这里的传媒灵活性和机动性都无比优越,既不受地域限制,也不受时间限制,这极大地突破了信息传播的传统瓶颈,深刻影响着人类信息知识的组织、传递与获取，是未来传媒技术革命的主要平台。

（三）传媒的道德效应

传媒在社会发展中承担着社会环境的监测者、社会整合者、社会文化遗产的传递者、公众娱乐的制造者等多重角色。传媒更在社会伦理层面扮演着道德的传播者和道德的教育者角色，传媒可以借助舆论的力量影响社会道德，推动社会道德的进步与发展。西方曾进行过一项“破窗效应”的理论实验：如果一个建筑物的窗户玻璃破碎了，又得不到及时的维修，那这些破碎的窗户就会给人造成一种混乱无序、无规则、麻木不仁的感觉。进而使人们更易受到诱导去打碎更多的窗户玻璃，导致更混乱的局面出现。“破窗效应”的理论实验说明了，任何一种传递不当的负面信息出现，都会蔓延开来形成不良的社会环境，这种不良的环境反过来又会诱导更多的人产生不良行为。所以，传媒对信息的解读和引申，对群体的道德行为会起到非常重要的作用。

传媒凭借着信息量大、速度快、受众面广等优点，在道德传播方面更能保证质量和效率。所以，传媒式的道德传播对社会合理有序的伦理道德的构建意义非凡，既能使广大道德受众迅速接受道德价值观，并将之奉为可参考的社会价值观，又能将这种迅速传播的道德价值观与广大道德受众原有的道德价值观更大程度地发生聚合作用。传媒所传递的道德文化信息对受众施加广泛、迅速、连贯性的影响，通过道德传播，传媒已经成为当代社会道德教化功能的代理人。原因在于大众传媒的道德教育实施过程是无形的，在无形中对受众进行潜移默化的影响；还在于传媒的道德教育能与传媒所独具的娱乐功能有机结合，使道德受众在轻松愉快的心理状态中获得启迪，从而增加教育的实际效果；更在于传媒道德教育对象的广泛性，在网络信息高度发达的今天，无处不在的传媒把每个社会成员都作为它的传播对象。所以说传媒不仅是一个单纯的信息通道，更是观察、认识、理解社会的窗口和途径，起着联系当下与未来、物质与精神、个体与社会的重要作用。

二、传媒蕴含的思想政治教育功能

传媒在生产、交换、分配产品的过程中拥有经济属性。在阶级社会中统治阶级将传媒作为维护正统思想的舆论工具,这又是传媒的政治属性。无论何种社会形态,传媒的政治属性都具有思想政治教育功能。传媒是思想的外衣、言论的喉舌、政治的表征,是社会价值体系的代言人和牵引者。凭借传媒拥有的广泛民众基础、庞大信息网络、先进的传播技术和便捷的运行环境,传媒的思想政治教育功能充分地发挥。传媒的这种独特价值对国家社会意识形态建设和我国社会主义文化教育建设事业作用重大。具体而言,传媒在思想政治教育中的功能为:

(一)舆论引导功能

传媒影响或掌控社会舆论,主流舆论与国家意志会保持高度一致,因为社会舆论一旦形成,就会产生无比强大的力量。舆论引导是事关思想灵魂的活动,是维护社会秩序不可或缺的因素,在国家政治宣传和统治中具有举足轻重的地位。国家通过广播、网络、书籍等媒介向大众快捷传递真实的信息和官方的思想观念,进而影响大众的政治倾向、价值取向和生活偏向。而对于那些背离主流的思想观念和言论则保持着信息的警觉性,通过这种预警式的信息筛选最大限度地屏蔽负面舆论对社会的危害。

(二)文化传播功能

传媒一直是人类文化的工具性传播载体,这种传播功能由来已久。因此可以说传媒是社会主义先进文化建设的重要渠道。传媒每一次发出的信息,都在无形中主导着社会文化的表达,创造着有别于旧文化的新文化,进行着公共价值的塑造。一方面,传媒文化通过转移公众的群体意识,转移、解决公众关注的各种文化焦点,这对于推进社会主义核心价值观建设,以及建设和提升我国社会主义先进文化的软实力无疑具有重要的作用;另一方面,传媒文化通过报纸、广播、电影电视,以及互联网传播的知识与文化,客观上肯定了人文精神个体的价值,也使得传媒的教育功能获得广泛的普及,这种普及传播人的社会经验与知识的教育功能,延续着人类社会的一些固有的文化传统。

（三）人文关怀功能

传媒人文关怀功能的发挥，顺应时代对思想政治教育发展的需要。我们党和国家也一直十分关心注重思想政治教育的人文关怀。传媒对社会文化和人的心理产生巨大的影响。所以，在研究传媒工作的方法时既要考虑内容还要考虑传媒赖以运转的母体文化。比如在国家发生重大事件的时候，传媒会用广泛及时的信息传播，促进社会各界形成强大的合力，充分展示国家对特定事件中特定群体的关爱之情，这彰显了人性中美好的一面，也表达了传媒自身蕴含的深刻的人文精神。应该说当前社会人们为了各自生存目标而努力，竞争的气氛紧张激烈，生活节奏快速，压力大。此时恰恰是传媒传播的信息内容使这些人精神得以放松，感情得到满足。为公众提供充足的精神食粮及精神寄托，进而净化和提高了人的思想觉悟、道德情操，这就是传媒所体现出的人文关怀的功能。

（四）交往互动功能

随着当代以互联网技术为典型代表的信息传播技术不断更新与发展，人们获取信息的途径和方式增多了。作为新型传播媒介的网络传媒，凭借着没有统一的参照体系，跨越了地域、文化和既成偏见的界限，使得人们能更充分地表达自己意志，也使得人们参与社会事务的机会和渠道空前畅通。一方面传媒向受众人群传递各种信息，施加各种思想教育影响，另一方面，受众也利用网络媒介对传媒产生着巨大反作用影响。表现为他们通过积极地反馈对传媒信息的制作和传播进行着影响。在这种影响与反影响、作用与反作用的过程中，传播者与受众实现了对接与统一，产生了良性的互动，这就为思想教育和政治教育的主客体之间的交往互动提供了灵活多样的方式参考和广阔的展示平台。思想政治教育的教育者与受教育者的这种借助于网络传媒的互动实现交往的方式，不仅能使思想政治教育成为知识共享和精神共建的过程，更能使思想政治教育主客体之间真诚地沟通交流，产生情感共鸣，从而取得良好的思想教育效果。

三、传媒对思想政治教育的影响

在社会中除了立法、司法、行政三种常规权力之外,传媒权作“第四种权力”。从这可见传媒所具有的巨大影响力。对中学思想政治教育而言,传媒提供了新的载体、视角和途径。媒体所传递的不仅仅是信息、知识,也不限于扩大眼界、增长见识,它客观上以潜移默化的渗透力对中学思想政治教育起着引导和示范作用,影响着学生受众的思想道德行为。由于传媒作用的双重性,也导致了传媒对思想政治教育影响的双重性。

(一)传媒呈现的思想政治教育特点

1. 广泛性

传媒主要是作为社会文化信息的载体而存在,它承载和传达着当今社会各种各样的价值观和思想信息。传媒信息跨越国界、种族、民族、社会、家庭、学校。传媒将各种思想观念、社会规范、行为准则、价值标准等信息向人们渗透传播,并以此影响人的精神世界。所以可以说当下社会每个个体的思想形成和发展是不可能摆脱传媒影响的。特别是信息量巨大的网络媒介,借助于通信迅捷便利和信息便于搜索查询等优势,对中学学生的政治、思想和道德观的形成产生了更深远而广泛的影响,这种影响的存在对中学思想政治教育的观念和效果提出了挑战。

2. 导向性

传媒对传递的信息思想及解释,都鲜明地体现着传播者的价值取向。正是通过对这些信息思想的筛选,传媒实现其主导舆论、创造舆论环境的功能。这种社会舆论环境的价值导向以强大的感染力影响社会受众,使受众无形中去选择并接受那些社会大力提倡、大力宣传的富含正能量的主流思想文化信息。传媒的这种导向性功能会促进良好社会文化思想风气的形成,会促进人的正能量思想的形成和发展,会为中学思想政治教育创造优化的社会文化环境。

3. 复杂性

由于传媒形式多样,具有极强的被选择性,思想政治教育的受众群体一般会依据自己的文化程度、道德水平、接受方式和情感需要来选择适合自己实际的传播媒介。在中学教育中传媒所反映的内容及对学生政治思想的影响呈现出复杂的情况，这里面既有积极有利的一面，也有消极不好的一面。为了避免不良的传媒信息对教育作用的发挥产生抵触和干扰，高等学校要加强对校园传媒的宏观规划、管理和指导，净化传媒内涵，发挥传媒的正面积极作用。

（二）传媒对思想政治教育的积极影响

1. 为思想政治教育提供了信息获取手段保证

传统思想政治教育的载体是比较单一的，各学校比较多的是通过文件、讲话精神等较为单调的载体来做思想政治教育工作。这种单一的思想政治教育模式越来越受到信息社会和市场经济发展的冲击。传媒的出现和发展给中学思想政治教育提供了新的物质载体。传媒在思想政治教育中的广泛运用，大大提高了思想政治教育的时效性，使得教育信息能快捷地传递。报纸杂志、广播电视，特别是互联网日渐成为思想政治教育的主力手段。这些传媒手段使中学教育中受教育者更自由地发表意见，更自主地从事信息文化的制造、交流与利用。世界各处随时发生的政治、经济、文化等事件能够迅速、及时、准确地传播，并且被中学教育者所利用，以便于学校及时调整教育内容和方式，及时将健康、科学、正确的思想政治传播信息融入教育中，以达到更佳的教育效果。

2. 传媒实现了多样性的思想教育方式

现代传媒的出现与发展使思想政治教育不再局限于传统的仅通过教育工作者来进行的单一的教育方式。QQ、电子信箱、微博、微信等新型传媒工具，具有图文并茂、声色俱全、信息量巨大等特点，它们实现了教育方式的现代化，实现了多种感觉形式的并用。中学可以通过学校内外的广播、报刊、网络等将宣传教育的内容巧妙地融入其中，这样既能使需要宣传的教育内容变得生动有趣，使学生思想在形象、生动、直观中得以升华，更能以这种方式触动和启迪深层次的思想，从而在不知不觉中帮助学生树立正确的政治和价值观，以使思想政治教育发挥传递文化、建设社会主义道德规范的功能。

3. 传媒丰富了思想政治教育内容

现代传媒克服了传统思想政治教育内容上单调陈旧的缺陷，在实际中它通过多种形式和手段为思想政治教育提供多种多样的素材和信息。现代传媒技术被广泛应用于思想政治教育中，它将信息内容从平面化转为立体化，从静态化变为动态化，从现实化趋向超时空化。传媒不断地为中学教育提供与时俱进的、丰富而全面的具有极高文化与科技含量的人文精神，它传递着公理、正义和良知，它隐含着历史文化知识和现代科技信息之中的政治本质内容。传媒还客观地揭露和抨击阻碍社会进步的丑恶现象，从而净化和提升受教育者的精神境界。在中学中，传媒对社会发展的热点、疑点、重点问题进行广泛宣传、追踪报道和深入讨论。学生通过传媒明确的社会主义主旋律方向的引导，弄清是非，践行集体主义、爱国主义等政治价值观，从而增长见识和开阔视野。

4. 传媒开阔了思想政治教育的视角

在中学思想政治教育的过程中，通过传媒手段能够快速准确地了解国际国内政治经济文化等信息，进而对当代西方发达国家进行思想教育的方式方法有清楚的认识和参考。在这个过程中，不仅使中学思想政治教育的工作者及时掌握新资料、新方法，并以此来创新对学生的思想政治教育，又能使得传统教育中作为受教育者的中学生与思想政治教育者的心理距离拉近，从而降低了学生发生抵触的情绪，使学生清醒地认识到在世界范围内思想政治教育是广泛存在的。只是在不同的国家，不同的地区，思想政治教育的表现方式和教育形式略有差别而已。应该说思想政治教育对于任何国家的任何学生的成才成长都是极为必要的且有益的。

5. 传媒开辟了思想政治教育的新环境

以互联网为代表的传媒的出现和发展，使得中学学习生活环境发生了重大改变，虚拟环境的影响越来越明显。一定意义上在理论研究的层面虚拟世界可以替代现实世界，通过虚拟现实的技术，思想政治教育的教育者可以以现实为蓝本到虚拟环境中处理、研究现实教育活动中可能遇到的各种各样的问题，从而可预判性地控制教育过程和把握学生的思想特点。以互联网和多媒体技术等传媒构建起来的世界，使得传统的社会结构和传统观念受到冲击，也使思想政治教育中的人际关系发生了变化。教育者与受教育者之间交流更多地以数字虚拟方式进行。教育者与受教育者也不再明显地体现出传统的上级和下级、管理和服从关系，而是变为了一种平等的信息发布者与受众之间的关系。从而使学生在传媒创造的新环境中自由接受教育，也使思想政治教育的教育者不同程度上减轻了重复性劳动，更重要的是实现了宣传教育与传媒的整合，拓展了教育者和学生双方的信息来源，增强了思想政治宣传教育的辐射力、吸引力、感染力、亲和力及取得切实教育效果的魅力。

（三）传媒对思想政治教育的消极影响

1. 不良信息对思想政治教育的干扰

传媒虽然开阔了人们认识世界和社会的视野，但同时也对中学思想政治教育产生着一定的干扰。众所周知，当前时代信息日益膨胀，无论是在速度上或是数量上，普通的教育载体都无法与传媒相提并论。随着了解信息渠道的不断增多，接触的信息量变大，所接触的不同观点更多更复杂，使得思想政治教育的教育对象对信息的理解呈现多角度化。但是，在看似阳光的背后却存在各种隐患，表现在：由于信息的控制和过滤技术相对滞后，大量色情、暴力信息与许多腐朽、不健康的思想混杂在一起，这些信息严重污染或影响着良性信息的清晰度和效用度，往往造成学生对信息选择的无所适从。更为可怕的是，这些信息不仅针对性不够强、信息涵盖的范围不够全面、教育意义和教育价值不够，会对思想觉悟和识别能力、抵抗能力较弱的学生价值观的形成，造成严峻的挑战，从而客观上干扰了思想政治教育。

2. 客观上弱化了思想政治教育的作用

首先，纷繁复杂的传媒信息对中学学生的渗透无处不在，使得教育者和受教育者不可能脱离以广播电视、互联网为代表的传媒的影响，著名学者梅罗委兹曾认为，媒体是以特殊化的方式连接并分割、容纳并排斥各种人的多种社会的语境。其次，传媒具有生动性、便捷性，它深刻吸引着学生群体，可以说如果教育者的水平不高或者采取的教育方法不当，必然会在实体上或思想上失去思想政治教育的学生受众，至少也不会被学生群体所接受，这样的话就使得中学的思想政治教育难以起到应有的教育效果。最后,与此同时西方资本主义国家无时无刻不在利用传媒推行西方式的文化霸权和文化殖民主义,对我国进行着文化渗透,妄图进行意识形态的整体颠覆,所以在当前这种复杂的背景下,中学的思想政治教育如何在反击西方腐朽文化思想侵蚀的同时,教育学生树立正确的政治价值观念,使思想政治教育真正深入到广大中学生的内心,是所有思想政治教育工作者都面临的严峻挑战和考验。

3. 不良传媒削弱了思想政治教育的影响力

首先,传媒在充分发展的社会主义市场经济竞争中求得了生存与发展的空间。但随着市场化的进程,一些具有不良倾向的传媒却着实越来越显得过分。甚至部分极度不负责任的传媒为了吸引更多的受众,一定程度上只顾推销自己媚俗猎奇的、虚假的信息。这不仅严重损害了传媒的形象,更影响了包括青年学生在内的受众的身心健康。其次,很多中学普遍没有把传媒的教育功能摆到至关重要的位置,忽视了这种当今最易被学生认同和接受的教育形式。只是把传媒充当为学校工作的工具,忽视了媒体对思想政治教育的影响功能。再次,传统的教师权威受到传媒市场化的挑战,教师权威面临结构危机。以网络技术为代表的传媒带来的资源多元化、过程个性化客观上必然要求提高教育的专业化程度。还有随之的教育机会、科学的教育手段等都必然要对专业的教师提出更高的从业要求。过于严肃、呆板,缺乏生机和活力的思想政治教育队伍,必然会对思想政治教育造成消极和负面的影响。总之,大量的实践证明传媒在市场化的发展进程中出现的不良倾向会暂时削弱学生思想政治教育在激烈的信息传播竞争中的影响力。

四、现代传媒思想政治教育教学的优势

现代传媒是一个包括了数字技术、信息技术、移动通信技术和计算机网络技术的体系。它具有鲜明的突出特征,那就是传媒信息量更大、形式更加多元、影响更深、传播主体更广泛、保存方式更多样和时代性更强等等。这些特征使中学思想政治教育在利用传媒开展思想政治教育的活动中具备了前所未有的优势。

(一)促进教育对象的全面发展

中学思想政治教育的受教育对象主要是青年中学生,传媒深刻广泛地作用于他们的思想意识和学习生活中。

首先,传媒丰富了学生的知识并开阔了他们的视野。通过以网络传媒为代表的现代传媒使学生不再被动、单调地被灌输知识,而是在教学中主动选择、调整和控制学习兴趣、学习内容和学习进度,突破传统的学习方式。借助于现代传媒学习不仅能高质量地掌握思想政治教育专业领域的前沿知识信息,从而开阔各方视野,拓宽知识面,合理构建自己的专业教育知识结构,更增强了快速接受新事物的能力和创新精神。传媒还为学生提供了更多交流学习的机会,这种交流的范围不仅是自己身边的人,更可以是世界各地有共同兴趣爱好和理想的人。

其次,传媒对学生自我价值的实现是有利的。传媒依据固有的优点,帮助学生更快捷、更准确地了解社会就业行情,促使其及时调整面对激烈的就业竞争压力的状态。通过现代传媒技术,学生还可以更有效率地掌握生活和学习技能。这些技能可以涉及方方面面。因为有时在虚拟的传媒世界里,学生更容易获得成就感,更能树立或增强自信心。从而更加从容地面对和解决现实生活中遇到的各种困难和问题,进而更好地在现实中实现自我的价值。

最后,传媒对学生综合素质的提高是有利的。现代传媒技术帮助学生快捷地了解到社会上发生的重大时事热点。培养学生养成时时关注国情和社会动态的好习惯。进而对培养他们建设现代化中国特色社会主义和谐社会的热情。还有就是传媒技术的利用能强化学生平等交流学习的思想观念,使他们更懂得尊重彼此和树立责任意识,从而塑造良好的人格。

(二)提高思想政治教育的效率

受传统的思想政治教育时间、地点等形式限制,中学的教育者对学生进行思想政治教育时往往疲于应付共同时间和合适地点的选取,这无形中浪费了教育中宝贵的人力和物力,客观上降低了思想政治教育的效率。如果这些问题还能想办法尽量克服或避免的话,那传统的思想政治教育方式使思想政治教育者缺乏全面、及时、有效了解学生思想动态近况的问题则不仅是传统教育方式所不能克服的，而且关键是在这个过程中丧失了及时根据实际情况的发展变化对学生进行相应的思想政治教育、帮助他们解决问题的良好机会。而现代传媒技术使中学思想政治教育的教学效率得到了明显提高，思想政治教育者利用传媒手段能够更加方便快捷地做好中学生的思想政治教育。具体表现在：

第一，随着 MSN、飞信、微信等现代即时通信工具在中学思想政治教育中的运用，思想政治教育者就可以通过这些工具更加深入地加入到学生中间，可以在网络虚拟的区域中成为他们的一员，这样既能更加细致地关注学生们的表现，更能及时得知学生们的思想发展情况。在思想政治教育的展开中，也可以通过这些传媒媒介，同青年学生们一起进行信息资料的搜集，用现实社会中发生的某些事件和发生在学生身边的与其息息相关的案例，进行网络上的交流讨论总结，以心灵洗涤的方式使学生思想素质得到提高。

第二，通过传媒手段，能将中学生的思想意见状况及时反馈给思想政治教育的教育组织者和管理者。让这些管理主体能够准确地、及时地了解、掌握和解决思想政治教育暴露出来的问题。根据这些反馈信息及时总结经验教训，更正不足，取其精华。应该说这种反馈效应为思想政治教育管理者进一步制定思想政治教育计划提供了良好的依据。从而促使中学思想政治教育做到实事求是、适应变化的实际情况因人施教，提升教育效果。

第三，传媒使得声音、图像等多种形式融入中学思想政治教育的内容之中。使得教育的过程变得更加直观、生动、形象、有趣，这也客观上增加了中学思想政治教育的魅力，让学生更易理解和接受。在这种生动的教育中，传媒为思想政治教育者和中学生间的平等互动交流提供了条件和机会，在这个交流层面上无论是教育方还是受教育方都尽可能地表达着自己的真实思想，这就使得二者融洽了关系，更好地进行了思想交流，也使中学思想政治教育效果得以提高。

（三）扩充了思想政治教育的平台

借助新媒体这一更广泛、更主动、更快捷地传播正确的思想、理论与政策的巨大优势，克服传统式教育受时空限制的不足，为思想政治教育搭建一个崭新的理论与实践平台。传统的思想政治教育受限于客观存在的各种阻碍，仅从教育信息搜集上来说，只能更多地从报纸、期刊、书籍上面寻找资料、探寻素材。这些传统媒介固然多数较为认真和具有学术性，但是往往内容滞后，缺乏新鲜感和感召力、说服力，所以难以达到教育的预期效果。而现代媒体以计算机信息处理技术为基础，以互联网络、移动通信为运作平台，它集文字、图像、声音、视频于一体，融合书籍、报纸、广播、电视等传统媒体于一身。在继承这些传统媒体各种优点的同时，还凭借承载量大、速度快、融合性强、立体化、覆盖广、互动性等新的媒介优势，被成功地应用于中学思想政治教育过程中。特别是网络媒体的应用尤为突出。对中学的思想政治教育者而言，借助于全球性信息资源共享的互联网络，可以整理收集到不同地域、不同文化制度下的思想政治教育资源，通过有针对性的甄选，与所需要资源的对方通过网络实现交流互动，从而快捷、低成本又最大限度地实现教育资源的共享。这样就打破了中学传统思想政治教育的狭隘性、封闭性，使教育实现开放的全社会互动参与，最终使得对学生进行思想政治教育的渠道更加畅通，教育资源更为生动和丰富。

五、新型传媒在思想政治教育中的运用

（一）强化意识，构建新型传媒传播

1. 坚定思想政治教育的阵地意识

传媒承载的信息和传播的文化具有浓厚的意识形态色彩，社会主义现代化建设中马克思主义意识形态必须牢牢地占据统领性的地位，因此可以肯定传媒是我国进行社会主义精神文明建设的重要阵地。要发挥传媒在社会主义现代化建设中的重要作用，就必须将传媒作为思想政治教育工作的有益载体，就必须始终坚持传媒传播的正确政治导向，这是传媒必须遵循的方向性原则和党性原则，也是传媒政治属性的根本表现。传媒只有始终坚持社会主义方向，才能在社会主义市场经济建设中把握正确的舆论导向。作为舆论工具，传媒是党和国家的喉舌，这种舆论工具如果不掌握在真正的马克思主义者手中，如果不按照党和人民的意志、利益进行舆论导向，必然会带来严重的

危害和巨大的损失。

伴随着社会主义市场经济体制的逐步完善，人们的思想也发生着巨大的变革，这就要求所有从事思想政治教育的工作者要正视现实，充分利用传媒覆盖面广、影响深、舆论导向性强的特点坚持宣传正面能量，鼓舞和启迪人民推进社会主义精神文明建设，以马克思列宁主义、毛泽东思想、邓小平理论、“三个代表”重要思想、科学发展观和新时代中国特色社会主义思想为行动指南，深入宣传党的基本理论、基本路线，大力弘扬爱国主义、民族主义、集体主义、社会主义的主旋律，倡导公众树立正确的世界观、价值观、人生观。通过良好的舆论环境，正确的舆论导向，引导广大人民积极上进，以达到思想政治教育的根本目的。

2. 强化思想政治教育的现代传媒意识

中学思想政治教育者对传媒的认识态度和程度，影响着传媒技术在思想政治教育中的运用效果。就实际情况来看，中学思想政治教育者必须清醒和及时地认识到现代传媒在中学思想政治教育中的运用是利大于弊的，发挥传媒教育积极性的作用，限制传媒的消极影响作用只会给中学思想政治教育教学和实践活动带来好处。中学思想政治教育的主体主要是教育者和受教育者，二者分别代表的是教师和学生，当然这里的教师是宽泛性的，包括管理行政人员等。强化中学思想政治教育的现代传媒意识，就要在重视传媒环境建设中，从这两个主体做工作。

首先是传媒环境的建设。当今复杂的、良莠不齐的信息文化充斥于现代传媒之中，中学生不可避免地主动或被动地沉浸在这样的文化环境中。构建高质量的现代社会主义中学思想政治教育，就必须要继承优良传统文化，用先进科学的意识形态创新社会主义文化内涵，占领现代传媒的主流阵地。让中学生时时感受和享受到先进的社会主义文化的熏陶和感染。

其次是学生主体。学生是思想政治教育的受教育对象，当前中学思想政治教育中都会以解放学生的束缚，还学生教育主体地位为目标。在这个过程中，中学思想政治教育者要认真分析研究学生的一般性和特殊性，要关注学生的特点、个性和发展需要，要有针对性地进行思想政治教育。

再者是教师主体。教师是思想政治教育的具体教育任务的承担者，是思想政治教育取得预期成效的关键所在。发挥教师的主体作用首先是从思想上做工作，要在教师中广泛宣传现代传媒在思想政治教育中的功能特征、重要作用，以及传媒道德行为规范等。然后要给教师提供必要的物质和精神条件，国家、学校和社会要真心地关心他们的工作和生活状态，不断激发他们的工作热情和积极性，进而使他们更有激情去完成好思想政治教育任务。

最后是中学的管理层。中学的管理层要充分认识到在现代信息社会中传媒对中学思想政治教育的重大意义，要在宏观上强化利用现代传媒的工作意识，要明白先进的传媒技术信息对中学思想政治教育的推动作用，要树立传媒和中学思想政治教育相结合的新观念。要充分利用传媒掌握中学生的思想、行为动态，理性分析现代传媒在中学思想政治教育中的行为效应，并有针对性地转变对中学生进行思想政治教育的旧有方式，以提高思想政治教育的效率。

3. 构建新型传媒平台

在这样一个思想大活跃、观念大碰撞、文化大交融、信息多元化的时代，传媒宣传的价值观和文化品格冲击、感染着人们的价值观念、行为准则和道德水准。中学思想政治教育必须在校园范围内严格控制传媒传播的渠道，规范管理传媒传播的内容，取其精华去其糟粕，使传媒传播的信息更具思想性、权威性、教育性。为此，需要做多方面的努力。

(1)构建新型传媒网络。针对传媒信息技术对中学生社会认知和思想观念的产生影响越来越大的现实情况，应注重传媒的作用，整合传媒载体，开展纸质文本、广播、网络等多位一体的传播，从而建立灵活的社会、学校、家庭、媒体四位一体的思想政治教育信息传播网络。作为思想政治教育主力的中学，更是要在各种力量的配合下，为了中学生思想政治教育，要更好地利用现代大众传媒资源，设立专门研究利用传媒进行思想政治教育的机构，从而在物质的硬件上配合思想政治教育观念的软件建设，进而强化思想政治教育效果。中学中这样的机构常常发挥着配合中学生思想政治教育的目标，制作结合社会热点的思想政治教育信息资源，并将其用于课堂理论教学的职能，同时也发挥着方便学生更快捷地获取信息,优化思想政治教育方式和开创现代传媒结合新途径的职能。

(2)合理选择传媒传播的内容。在社会中,传媒的主要应用及驾驭者是媒体,借助于传媒的手段媒体在凝聚社会民众的意志,影响社会民众的价值取向上发挥着强大的力量。思想政治教育也利用这一契机,通过社会现象和事件来分析社会受众的人生价值观和传统道德行为,从而引导受众进行反思。但现实情况却是,一些大众传媒表现出来的一些低俗化倾向,如享乐主义、功利主义、拜金主义价值理念被奉为时尚,同时崇尚自我、我行我素的个人英雄主义化的自我价值倾向被奉行。这严重影响了中学生对人生价值是非判断的认知,弱化了道德意识,瓦解了精神信仰。其实可以尝试在中学中开设一系列新兴学科课程,也可以是边缘交叉性学科,比如思想政治教育传媒应用学。这样的课程既可以开设于专门的思想政治教育专业,也可以开设于公共选修课之中。总之,在内容上都是使传媒的理论和知识能够更有机地融合到思想政治教育的知识结构中,以适应现代传媒发展带来的事实与价值的相对分离,使思想政治教育的内容更多地转向理性分析的需要。

(二)提升中学思想政治教育队伍的建设

1. 加强教育者利用传媒教育的观念

传统的思想政治教育过多依靠灌输式的“填鸭”教育方式,这是由于目前一部分中学思想政治教育工作者一时不能适应利用新方式进行思想政治教育,不善于利用现代传媒技术转变教育方式。因此,中学思想政治教育的所有参与者将常规的思想政治教育工作与现代传媒相结合是当前中学思想政治教育的重要任务。为了改变传统思想政治教育的不足,建立一种新境界就还需要做到这样几点。第一,还是要把转变中学思想政治教育者的教学观念放在首位,要在所有中学的教育参与者之中充分树立运用现代传媒进行思想政治教育的意识观念,深入了解现代传媒对中学学生生活和思想的影响,只有这样思想政治教育者才会重视传媒在工作中的运用。第二,教育者积极主动对关于传媒方面的知识进行学习了解,丰富思想政治教育的方式方法,充分利用现代传媒的优势,将其对中学学生的负面影响减到最小化,使思想政治教育与现代传媒之间形成一种相辅相成的关系。

2. 从传播学角度看教育队伍培养

从传播应用的角度培养中学思想政治教育者,是新时期更好地开展思想政治教育工作的客观需要,是建设高素质思想政治教育工作队伍的需要。培养熟练掌握现代传媒技术和有思想政治教育经验的中学思想政治教育工作者,应从两个层面着手:首先,积极倡导中学思想政治教育主力军中,年轻的思想政治教育者掌握现代传媒的相关技术。因为年轻的思想政治教育工作者一般来说接受能力强,自身有良好的学术基础,接触过的现代传媒技术较多,对于运用现代传媒技术工具比较熟悉,加之处于中学相对稳定的工作环境之中,所以培养年轻的思想政治教育者,运用现代传媒广泛地开展思想政治教育是有积极可行的意义的。其次,让有过硬思想政治素质且熟练掌握计算机、网络等技术知识的工作者加入到中学学生思想政治教育队伍中来,这样可以施展这些人各自的专业优势。同时也可运用专业技术尝试创建中学生思想政治教育的网站论坛、博客、微信平台等媒介,从技术层面完成数据信息交流的监督和相关信息的更新,确保维护中学利用现代传媒教育的顺利进行。

3. 提升中学思想政治教育队伍人员的综合能力

思想政治教育者的整体素质影响着中学思想政治教育效果的好坏和作用的发挥,现代传媒的发展让中学思想政治教育队伍受到极大冲击,不仅使得他们的主导地位发生动摇,更直接对他们的素质形成挑战。为了进一步强化思想政治教育的积极影响作用,必须下狠功夫提升中学思想政治教育队伍人员的综合素质。

首先,要在提升队伍人员的思想政治教育理论水平和政治素质上下功夫。这就要求这些教育工作人员要树立终身学习的理念,不断深入学习马克思列宁主义、毛泽东思想、邓小平理论、“三个代表”重要思想、科学发展观和新时代中国特色社会主义思想等党和国家的重要思想精神。坚守住自己的社会主义核心价值观,并身体力行,积极参加各种社会实践活动。从思想和行动两个层面提高自我的政治修养和道德品质修养。更为重要的是这些教育工作者还必须自愿地、积极地掌握现代传媒技术，利用传媒不断学习，更新思想政治教育理论知识，丰富自己的思想政治教育理论内容。通过不断学习，掌握思想政治教育的特有规律和前沿的理论信息，从中发现问题和发展路径，联系实际，用它更好地指导实际行动。从而在中学教育中进行卓有成效的思想政治教育实践行动，进而增强中学思想政治教育者在教育过程中的主导性作用。

其次，中学思想政治教育的所有参与者要充分认识到现代传媒的功能作用与运行机制，尤其是要加强这些人员对现代传媒技术知识和资源的掌控能力和运用能力，正确看待传媒对中学生思想政治教育的各种积极或消极的影响，提高所有教育人员的传媒素养。具体来说，中学中的思想政治教育参与者要熟悉以计算机网络技术为代表的信息技术和传播学的知识，掌握好现代传媒的技术及相关知识，善于分辨信息的优劣。作为中学的管理部门还要通过各种措施为思想政治教育人员提供培训机会，特别是承担思想政治教育理论课教学的教育人员。让这些老师掌握相关的多媒体技术知识，能更加顺利地进行日常的教学活动。鼓励学习和工作的创新性，让他们努力积极填补知识的空缺以提升自身的能力素质。最终让这些人员利用现代传媒获得的信息资源成果，展示到教学中，以改变传统枯燥乏味的思想政治教育内容，从而吸引学生的注意力。当然，最好还能够在中学内部或部门系统之间建立科学的评价体系，设立评估标准，科学评价和衡量这些人员的能力水平。

最后，要全面提升中学思想政治教育者的领导、组织、管理和再教育能力。随着现代传媒的不断发展和广泛应用，对传媒应用者能力要求也越来越高。承担着多重责任的中学思想政治教育者，须具备较强的领导、组织、管理和再教育能力。在纷繁复杂的社会环境中，领导、组织、管理和再教育具有独立个性的中学生群体并非易事。只有让思想政治教育更加具有魅力和吸引力，才能发挥现代传媒领导学生和组织教育教学情境的作用。而这个过程中传媒的利用又反过来成为关键所在，所以，中学思想政治教育者在利用现代传媒进行思想政治教育时一定要选好合适的传媒载体，一定要用合适的方式传播合适的思想政治教育信息，一定要调控好思想政治教育的过程，一定要掌握现代传媒的工作流程和运行机制，这样才可能利用现代传媒技术指导中学生养成良好的思想道德品质和行为习惯，才能使中学思想政治教育者在思想政治教育过程中占据主导地位。

第二节　生态学与中学思想政治教育前沿问题研究

一、生态学与教育

随着近代生态学的发展，生态学的理论和方法也日益被运用于其他社会科学领域，如管理学领域中所出现的生态系统管理理念，哲学领域所出现的生态哲学理论等。

生态学与教育理论的结合，并非我国首创。20 世纪初，生态学已经初步形成了其独立的学科体系，随着其研究体系的日趋成熟，生态学的相关理论被更多地应用于人类社会问题的研究，尤其是在 20 世纪下半叶，人类环保事业兴起并走向蓬勃发展，生态学的相关理论不再仅仅局限于生物学的范畴之内，而是超出自然科学领域，扩大到人文社会学科，生态学与人文社会学科的相互借鉴融合，逐步形成一些新的交叉学科，如“人类生态学”“社会生态学”等。

生态学与教育学的结合，是生态学和教育学的一次共同创新。1932 年，美国学者沃勒在其著作《教学社会学》中首次将“生态学”一词应用于教育，提出一个新概念“课堂生态学”。1966 年，英国学者阿什比（Ashby E.）提出“高等教育生态学”的概念，运用生态学的原理来研究高等教育问题。此后美国学者提出“教育生态学”理论，并在其教育生态学思想中指出教育与生态学的关系，正如生态是一切生物构成的相互关联的庞大有机整体，教育也是一个由各教育机构所构成的庞大而又复杂的动态整体；而幼教、小学、中学、大学、硕士、博士这种不断上升的教育过程和层次，也与生态系统内由简单至复杂、由低级到高级的过程类似，教育与生态学这二者存在颇多类似之处。

二、生态学与思想政治教育

将生态学理论知识与思想政治教育学相结合，借用生态学的思维审视和分析思想政治教育过程，运用生态学的原则、方法来改进和完善思想政治教育理论与实践中存在的不足，以不断完善和充实思想政治教育的理论学说体系，提高思想政治教育活动的实践效率。

三、思想政治教育的生态价值

(一)思想政治教育生态价值的概念

近年来，随着思想政治教育与生态学的相互融合，更多的人开始注意到思想政治教育的生态价值，并对此展开研究。对思想政治教育生态价值的概念界定，不仅关系到现代思想政治教育的价值取向，更关系到新时期思想政治教育实践工作的改革创新方向。

所谓“生态价值”的概念，是哲学上“价值一般”概念在生态学领域的具体体现，对于生态价值概念的解读，可以作如下分析。首先，生态价值可以理解为自然价值，这是生态价值的原有之意，生态价值包含一切生物有机体之间以及它们对其所处的自然环境系统所具有的功能价值，具体到人类与自然的关系来说，一方面，人是实践的主体，人类实践的对象是自然，人类为了生存，获得生产和生活资料，通过实践对自然进行改造，人类通过自然获取资源价值，即经济价值，人类的生存依赖于整个自然系统；另一方面，人类与自然的关系并不是单向的控制与被控制的关系，人类依赖于自然而生存，自然是人类生存须臾不可离开的必要条件，人类和自然界的生物一样，都是生态系统整体中的一部分，整个自然生态系统对于人类来说具有其环境价值。简而言之，人类要生存延续必须通过实践来改造自然，以获得经济价值，但在改造自然的同时如果不注意保护自然则会破坏自身的生存环境，而损失其环境价值，因此必须尊重自然、保护自然，以维护自身的生存价值。

在我国传统的思想政治教育活动中，长期以来主要侧重于对社会成员政治素质和思想品德的培养，灌输以马克思主义意识形态，以坚定其无产阶级信念，偏重于思想政治教育的政治价值、经济价值以及文化价值，而忽略了生态价值。在生态价值层面，包括人与自然关系环境保护、生态平衡等意识的涉及较少，且在较长一段时间内并未得到重视。在党的十八大报告中，把生态文明建设提升到了前所未有的高度，提出要把生态文明建设放在突出地位，融入经济建设、政治建设、文化建设、社会建设各方面和全过程，努力建设美丽中国，实现中华民族永续发展，并首次使用了“生态价值”的概念。面对当今我国资源约束趋紧、环境污染严重、生态系统退化的严峻形势，把生态文明建设放在突出地位，纳入社会主义现代化建设总体布局，体现了尊重自然、顺应自然、保护自然的理念。与此同时，我国的思想政治教育工作也发生了与时俱进的转变和创新，更多关乎生态价值的内容融入新时期我国的思想政治教育活动中，帮助人们形成生态价值观念、生态环保意识和可持续发展思想，以促进人们树立起相应的生态责任感，关注人与自然的关系，维护人类社会的总体利益，保护自身生存环境。

（二）思想政治教育生态价值的内容体系

思想政治教育的生态价值功能主要就在于运用生态价值思想完善思想政治教育理论体系，把生态意识渗透到日常的思想政治教育实践活动中，具体包含以下几方面的内容。

1. 形成人们的生态环保意识

观念先于行动，只有促使人们形成科学的生态环保意识，才能真正促使人们日常行为的转变。应该通过各类形式不同的思想政治教育活动改变人们“征服自然”“控制自然”的思想，灌输以“尊重自然、保护自然、人与自然和谐相处”的生态观，培养人们的生态环保意识。

2. 培育人们的生态责任感

思想政治教育活动在培养人们生态环保意识的同时，也需要培养人们的生态责任感和道德感。要把对人们社会责任感的培养扩展到生态保护层面，把人们高尚道德情操的培养与热爱自然、保护自然的生态环保意识培养相互融合，培养人们对生态环境的责任意识，规范人们的行为。

3. 帮助培养人们的整体意识

思想政治教育活动在对人们进行生态观教育的同时，要注意对生态整体意识的培养。首先，人类与自然共同构成一个完整的有机整体，人类自诞生起其生存和发展一刻都离不开自然界，人类社会与生态环境相互影响、相互依存；其次，不论任何民族、种族、国家的人类共同生活在地球上，构成一个整体，地球环境的前途命运并非是某个地区或国家的命运，而是关乎全人类的生存，思想政治教育活动应该注意培养人们的全球意识，鼓励全世界的人们携手共同保护人类的生存家园；最后，从时间上来看，对生态的保护并非一朝一夕就可完成，而是一个长久的话题，且当今时代人类的经济生产活动应当从长远着眼、综合考量，不能以牺牲生态环境为代价肆无忌惮地进行掠夺和消费。

4. 促使人们形成可持续发展思想

通过思想政治教育，培养人们的可持续发展思想。生态和政治、经济、社会、文化应该是相互统筹协调、可持续发展的，在追求经济社会发展的同时，要注意保护好人类赖以生存自然环境，节约利用淡水、土地、森林、矿产等自然资源，既满足当代人的合理需求，又不对后代人满足需求的能力构成危害。要克服其“短视”思想，培养前瞻意识，正确看待局部与整体、当前和长远的关系，树立可持续发展的生态自然观，促使人与自然的和谐共生，健康、协调、可持续发展。

四、思想政治教育的生态学方法

(一)思想政治教育生态学方法的含义

近年来，随着生态问题日益受到人们的关注，生态学的研究思维和方法也扩展到思想政治教育领域。所谓生态学方法，即运用生态学的基本原理，研究整个生态系统内部生物之间以及它们与环境的联系。思想政治教育生态学方法是基于现代思想政治教育学和现代生态学理论与实践上的一次创新，即应用生态学的方法来分析思想政治教育过程中的各类问题，把整个思想政治教育活动看作是一个主要由教育主体、客体、介体和环境这几类动态因子所构成的系统,对其系统内部各构成要素之间以及它们与外面环境之间相互对立统一的关系进行研究分析,促进思想政治教育系统的动态平衡和思想政治教育目标的实现,其主要特征包括整体开放性、互动平衡性以及协调进化性。

(二)思想政治教育生态学方法的依据

思想政治教育生态学方法的理论依据,既包括生态学理论的基本观点,也包括马克思主义的自然生态观。生态学把生态环境内生物之间以及它们与环境之间的相互依赖、相互作用的关系作为其研究对象,注重研究对象的整体性和关联性。在一个生态系统内部,其构成要素之间时刻处于一种协调有序的互动过程,各要素不断进行着物质和能量的交换与循环,系统内的平衡与不平衡相互博弈而不断发展。马克思主义的生态自然观认为人与自然是一种既对立又统一的辩证关系,自然界先于人类而出现,是人类生存和发展的基础,人类对自然并非是征服与控制的关系,人发挥其主观能动性通过实践活动对自然加以改造和利用,但人类对自然的实践活动必须遵循客观规律,与自然和谐共存。

(三)思想政治教育的生态学方法及其应用

1. 整体分析方法

所谓系统分析方法是指把要研究的对象作为一个系统整体,对该系统内的要素进行综合性分析,以提出解决问题的方案。思想政治教育活动各构成要素之间的相互作用关系始终是服务于系统结构及整体功能的优化,因此思想政治教育的整体分析方法即运用整体性思维来看思想政治教育生态系统,注意其内部各要素的整体关联性,对思想政治教育的教育主体、教育客体、教育内容、教育方法等因素进行综合考量,构建它们之间的相互协调关系,使其共同发挥作用,达到整体最佳效益。此外,思想政治教育活动作为一个动态整体,始终处于社会大生态环境中,并时刻与环境产生着相互作用,受外部环境制约并影响着外部环境,在进行思想政治教育的过程中,要从整体意识出发,注意其与环境的相互协调性,统筹规划思想政治教育活动,注重全局性和长远性,防止片面性和孤立性,以最优整体效益达到思想政治教育的既定目标。

2. 互动平衡方法

运动变化是物质的根本属性，思想政治教育活动的各构成要素之间也时刻处于一种协调有序的互动过程，各要素具有不同的内在规定性，在思想政治教育系统中扮演着不同的角色，它们各司其职发挥着自身特有的功能，且各要素之间按照一定比例构成特殊的思想政治教育结构，并相互运动变化，在对立统一中不断地由不平衡到平衡再到不平衡，以推动思想政治教育活动的发展。在对思想政治教育活动进行考察时，要运用联系的、变化的、发展的思维，不断调整和完善思想政治教育系统的结构，运用动态平衡方法，既保持思想政治教育系统内部各构成要素的良性互动，保持思想政治教育生态系统平衡，又积极推动思想政治教育的与时俱进，促进其理论创新和实践发展。

3. 协同共生方法

思想政治教育生态学方法中的协同共生方法，强调的是思想政治教育诸要素之间以及它们与思想政治教育环境之间的相互依存、相互联系、协同共进、和谐共生的关系。思想政治教育活动的发展应始终遵循既定的思想政治教育目标，并为实现思想政治教育的目标而服务，我国思想政治教育活动应该始终围绕其根本目标，在社会主义意识形态指导下为提高人们的思想道德素质，促进人的自由全面发展，激励人们为建设中国特色社会主义并最终实现共产主义而奋斗，最大限度地实现思想政治教育诸要素之间的和谐共存与良性互动，在当今世界多极化和经济全球化趋势下，以科学的理论武装人，以正确的舆论引导人，旗帜鲜明地反对各种错误意识，肃清各种不良社会风气，保证思想政治教育活动与我国社会主义现代化建设的共生共荣。

五、思想政治教育“生态化”的主要内容

（一）生态价值观教育

认知是实践的前提，思想政治教育承担着塑造和指导人们正确价值观的重任，要实现思想政治教育的“生态化”，首先就要对社会成员进行生态价值观的教育，在日常的思想政治教育活动中，进行相关生态知识的普及，介绍地

球的生态发展过程以及人类文明发展演变，引导受教育者了解自身所处的生态环境以及人类社会所面临的生态困境与危机，探讨解决对策和生态文明的发展方向，通过多种多样的教育形式，如课堂讲解、会议讨论、社区宣传、广播电视等，对社会成员进行生态价值观的教育，使其深切了解到生态文明对人类社会发展的重要价值，以及不遵守客观生态规律将导致的严重危害，并自觉从思想上树立生态价值意识，维护生态文明建设。

（二）生态责任意识教育

中共中央在《关于加快推进生态文明建设的意见》中强调，要充分认识加快推进生态文明建设的重要性和紧迫性，切实增强责任感和使命感，牢固树立尊重自然、顺应自然、保护自然的理念，动员全党、全社会积极行动，深入持久地推进生态文明建设。生态文明建设对每个公民来说并非遥不可及，人人都有责任规范自身行为，承担起生态文明建设的重任。应通过思想政治教育活动加强对人们生态文明建设的责任意识，培养人们的生态道德责任感，既使其清醒地认识到我们所面临的生态危机，又要使其了解到自身行为的重要性，促使人们从行动上自觉地承担起保护生态环境、维护生态文明的责任，努力做推进生态文明建设的引领者、推动者和实践者。

（三）生态行为规范教育

生态文明建设贵在行动，成在坚持，难在落实，生态文明建设唯有通过践行才能真正从宏伟蓝图变成现实。思想政治教育活动在培养人们生态价值观和生态价值意识的同时，更要注意加强对生态行为准则的教育灌输，提倡公众的生态行为方式和绿色消费模式，如倡导节约用电、低碳出行、垃圾回收、文明祭祀、使用绿色能源、减少烟花爆竹燃放等日常生态行为模式，促使受教育者自觉遵守此类行为规范，并积极主动地践行，在日常行为中自觉落实其生态环保意识。

（四）生态实践活动教育

思想政治教育生态化目标的实现，除了一般理论教育之外，实践活动教育的力量也不容忽视。思想政治教育者应该针对不同年龄阶段和职业的人，开展形式多样的生态实践教育活动。对于在校学生，可以开展主题班会、校园宣讲、知识辩论赛、外出踏青等活动，来增加其生态环保知识，强化其生态环保意识；在社区里，可以组织生态宣传、示范基地参观、有奖竞猜以及绿色社区创建等活动进行生态实践教育；对于各机关企事业单位，可以有针对性地开展理论学习、教授讲座、主题演讲、“办公室环保”等活动，使人们在实践活动中潜移默化地形成生态环保思维，增强自身生态道德责任感，并规范自身行为，积极自觉地成为生态文明建设的践行者。

六、思想政治教育的生态困境

思想政治教育生态系统被看作是由思想政治教育的主体（教育者）、客体（教育对象）、介体（教育的内容、方法）以及环体（教育环境）这几大因素所构成的有机整体，这些构成要素作为思想政治教育的动态因子，在思想政治教育活动中呈现出复杂多样的组合，他们之间有机结合、相互关联，决定了思想政治教育生态系统的整体性能，其运行过程反映出思想政治教育过程的客观规律，缺少或削弱其中任何一个因子都会造成思想政治教育生态系统的不完整、不协调与失衡，违背思想政治教育的客观规律，无法实现思想政治教育的既定目标，引发思想政治教育的生态困境，甚至生态危机。

（一）思想政治教育生态困境的特点

1. 关联性

思想政治教育生态系统是由相互关联的思想政治教育生态因子所构成的有机整体，这些系统要素在思想政治教育活动中有机结合、相互影响，共同作用于思想政治教育过程的发展。在思想政治教育生态系统内部，某一要素的变化和发展必将影响到与之相关联的其他要素的变化与发展，进而影响到整个思想政治教育生态系统的发展变化，任意删减系统要素、加强或削弱任一系统要素的作用都有可能造成整个思想政治教育活动的失衡，违背思想政治教育的客观规律，引发思想政治教育的生态困境，正所谓牵一发而动全身；而在思想政治教育生态系统外部，有些环境的不良变化会引发思想政治教育生态困境的出现，而思想政治教育生态困境的出现，也会影响到外部环境的发展。在解决思想政治教育的生态困境时，也应该把握全局，从整体出发协调系统内部各因子之间的关系，以及系统整体与外部环境之间的关系，遵循思想政治教育的客观规律，促进思想政治教育生态系统的和谐有序，推进思想政治教育活动健康发展，以实现思想政治教育的既定目标。

2. 整体性

思想政治教育的生态困境往往具有整体性、全面性，它的出现往往不单指向思想政治教育生态系统的某一因素，且会对生态系统内外部的各个部分都产生相应的影响，思想政治教育生态困境的解决也依靠系统内外部各要素之间的相互作用和影响，纠正思想政治教育活动中的不恰当之处，共同推进思想政治教育活动良性有序发展。

3. 变化性

思想政治教育生态困境的变化性源自于思想政治教育生态系统的动态性。运动变化是物质的根本属性，思想政治教育活动的各构成要素之间也时刻在运动变化发展着，各要素具有不同的内在规定性，在思想政治教育系统中扮演着不同的角色，它们各司其职发挥着自身特有的功能，且各要素之间按照一定比例构成特殊的思想政治教育结构，并相互运动变化，在对立统一中不断地由不平衡到平衡再到不平衡，以推动思想政治教育活动的发展。当各构成要素之间的发展变化导致思想政治教育生态系统出现失衡时，就会出现思想政治教育的生态困境，而生态困境的解决又依赖于各系统要素之间不断地变化与调整，再次达到协调有序状态，由不平衡走向平衡，走出生态困境，并如此循环往复下去，促进思想政治教育活动不断向前发展。

4. 复杂性

思想政治教育生态困境的出现，往往是各种因素之间相互影响、交叉作用的结果，且各系统要素之间始终处于运动变化调整中。其引发原因往往错综复杂，发展过程不断变化，其最终影响结果也涉及多个方面，具有复杂性，在解决思想政治教育的生态困境时，需要全面分析思想政治教育生态系统的内外部各项因素，并结合具体问题具体分析，统筹规划，而不能一概而论。思想政治教育生态困境的解决是一个循序渐进的过程，其解决措施需要不断地调整和完善，不能一蹴而就。

(二)思想政治教育的生态困境

思想政治教育的生态困境,根据不同的划分依据,可以划分为不同类型。从时间跨度上来说,可以划分为短期思想政治教育生态困境与长期思想政治教育生态困境;从表现方式上划分,可以划分为显性思想政治教育生态困境与隐性思想政治教育困境;从困境形成的主要原因上划分,可以分为内部系统要素作用失衡所导致的思想政治教育生态困境或内外部环境相互不协调所导致的思想政治教育生态困境。在此,以困境形成的主要原因为依据讨论几种思想政治教育的生态困境。

1. 思想政治教育生态系统内部要素相互作用失衡所导致的困境

此类思想政治教育生态困境主要是由思想政治教育生态系统内部各要素,包括思想政治教育的主体、客体、介体以及环体这几大因素之间相互作用失衡所引起的。具体表现为:教育主体与教育客体之间关系失衡,如由教育者开展教育活动时未结合教育对象自身实际发展状况、教育者与受教育者之间沟通不畅、教育者不关心受教育者、受教育者不信任教育者等原因所引起的二者关系失衡,或者教育内容和教育方法滞后,如教育内容完全空洞脱离当前实际,或教育方法单一枯燥,无法获得教育对象的兴趣,难以达到预期教育效果。这些原因都将导致思想政治教育生态系统失衡,引发思想政治教育生态困境。

2. 思想政治教育生态系统内外部环境相互不协调所导致的困境

思想政治教育生态系统的内部环境与外部环境(包括社会环境、家庭环境、学校环境、工作环境等)之间由于不协调,会引发一系列思想政治教育的生态危机。如在不良社会风气、社会舆论的影响下,教育者会对自己的教育内容产生不自信或者受教育者会对教育内容产生怀疑甚至反对,再如家庭环境中长辈的不合理言行对受教育者言行的不良影响,或者学校内不良风气或同学的不良言行对受教育者言行产生的不良影响等,都会影响到思想政治教育的效果,甚至导致思想政治教育活动的偏离,造成思想政治教育的生态困境,甚至生态危机。

参考文献

[1]迟桂荣.新媒体视野下当代大学生思想政治教育研究[M].北京:中国社会科学出版社,2014.

[2]陈立思.当代世界的思想政治教育[M].北京:中国人民大学出版社,1999.

[3]陈秉公.思想政治教育学原理[M].北京:高等教育出版社,2006.

[4]陈万柏.思想政治教育学原理(第2版)[M].北京:高等教育出版社,2011.

[5]陈秉公.21世纪思想政治教育工作创新理论体系[M].长春:吉林教育出版社,2000.

[6]陈卫星.网络传播与社会发展[M].北京:北京广播学院出版社,2001.

[7]崔保国.2012年中国传媒产业发展报告[M].北京:社会科学文献出版社,2012.

[8]戴胜利.大学思想政治教育的比较研究[M].上海:上海教育出版社,2006.

[9]符娟明.比较高等教育[M].北京:北京师范大学出版社,1987.

[10]龚海泉.高等学校思想政治教育史[M].武汉:武汉出版社,1992.

[11]高宣扬.当代社会理论[M].北京:中国人民大学出版社,2005.

[12]侯勇.思想政治教育理论前沿问题研究[M].北京:中国社会科学出版社,2018.

[13]姜国钧.中国教育周期论[M].北京:北京大学出版社,2005.

[14]教育部社会科学研究与思想政治工作司.高校思想政治理论课实践教学的探索与思考[M].北京:高等教育出版社,2005.

[15]李泽厚.中国思想史论(上)[M].合肥:安徽文艺出版社,1999.

[16]罗洪铁.思想政治教育原理与方法研究[M].贵阳:贵州人民出版社,2002.
[17]刘新庚.现代思想政治教育方法论[M].北京:人民出版社,2006.
[18]鲁洁,王逢贤.德育新论[M].南京:江苏教育出版社,2000.
[19]邵献平.思想政治教育中介论[M].北京:中国社会科学出版社,2007.
[20]孙其昂.思想政治教育学前沿[M].北京:人民出版社,2013.
[21]苏崇德.比较思想政治教育学[M].北京:高等教育出版社,1995.
[22]苏振芳.当代国外思想政治教育比较[M].北京:社会科学文献出版社,2009.
[23]苏振芳.思想道德教育比较研究[M].北京:中国社会文献出版社,2011.
[24]石国亮.高校思想政治教育创新指引[M].北京:中国言实出版社,2007.
[25]沈壮海.思想政治教育有效性研究[M].武汉:武汉大学出版社,2001.
[26]王敏.思想政治教育接受论[M].武汉:湖北人民出版社,2002.
[27]王勤.思想政治教育学新论[M].杭州:浙江大学出版社,2004.
[28]王玄武.比较德育学[M].武汉:武汉大学出版社,2003.
[29]王东莉.德育人文关怀论[M].北京:中国社会科学出版社,2005.
[30]王学俭.现代思想政治教育前沿问题研究[M].北京:人民出版社,2008.
[31]王瑞荪.比较思想政治教育学[M].北京:高等教育出版社,2001.
[32]王树荫.中国共产党思想政治教育史[M].北京:中国人民大学出版社,2010.
[33]王明方.论思想政治工作的科学性和艺术性[M].哈尔滨:黑龙江人民出版社,1983.
[34]吴潜涛.伦理学与思想政治教育[M].郑州:河南人民出版社,2003.
[35]徐洪军,崔岩,阚莹莹.高校思想政治教育前沿问题研究[M].哈尔滨:黑龙江大学出版社,2014.
[36]谢安邦.高等教育学[M].北京:高等教育出版社,1999.
[37]熊十力.读经示要[M].北京:中国人民大学出版社,2006.
[38]许建领.大学参与性教学:理论探讨与系统构建[M].青岛:中国海洋大学出版社,2006.
[39]余亚平.思想政治教育学新探[M].上海:上海人民出版社,2004.
[40]杨德广.现代教育理念专论[M].北京:人民教育出版社,2004.
[41]张耀灿.思想政治教育学前沿[M].北京:人民出版社,2006.

[42]张耀灿,郑永廷,吴潜涛,骆郁廷等.现代思想政治教育学[M].北京:人民出版社,2001.

[43]张蔚萍.思想政治工作史[M].北京:中国方正出版社,2001.

[44]吴铎,罗国振.道德教育展望[M].上海:华东师范大学出版社,2002.

[45]郑永廷.思想政治教育方法论[M].北京:高等教育出版社,1999..

[46]朱明光.思想政治学科教育学[M].北京:首都师范大学出版社,2000.

[47]郑家栋.道德理想主义的重建[M].北京:中国广播电视出版社,1992.

[48]钟启泉,黄志成.西方德育原理[M].西安:陕西人民教育出版社,1998.

[49]周长春.新形势下大学生思想政治教育探索[M].北京:北京工业大学出版社,2005.

[50]钟启泉.新课程的理念与创新[M].北京:高等教育出版社,2003.

[51]周从标.全球化背景下思想政治教育创新研究[M].北京:中国社会出版社,2005.

[52]习近平.在中国共产党第十九次全国代表大会上的报告,2017年10月18日.

[53]习近平.习近平谈治国理政[M].北京:外文出版社,2014.

[54]中共中央宣传部.习近平总书记系列重要讲话读本(2014年版)[M].北京:学习出版社、人民出版社,2014.

[55]中共中央宣传部.习近平总书记系列重要讲话读本(2016年版)[M].北京:学习出版社、人民出版社,2016.

[56]中共中央文献研究室.习近平总书记重要讲话文章选编[M].北京:中央文献出版社、党建读物出版社,2016.

[57]本书编写组.党的十九大报告学习辅导百问[M].北京:党建读物出版社、学习出版社, 2017.